中考热点作家

深度还原考场真题，感受语文阅读题的魅力
一书在手，阅读写作都不愁

山水课

王若冰／著

中国出版集团有限公司

世界图书出版公司

上海　西安　北京　广州

图书在版编目（CIP）数据

山水课 / 王若冰著 . — 上海：上海世界图书出版
公司 , 2024.3
（中考热点作家 / 李继勇主编）
ISBN 978-7-5232-0993-6

Ⅰ . ①山… Ⅱ . ①王… Ⅲ . ①阅读课—中学—教学参
考资料 Ⅳ . ① G634.333

中国国家版本馆 CIP 数据核字（2024）第 003117 号

书　　名	山水课	
	Shan Shui Ke	
著　　者	王若冰	
责任编辑	石佳达	
出版发行	上海世界图书出版公司	
地　　址	上海市广中路 88 号 9-10 楼	
邮　　编	200083	
网　　址	http://www.wpcsh.com	
经　　销	新华书店	
印　　刷	天津市天玺印务有限公司	
开　　本	700mm × 1000mm　　1/16	
印　　张	14	
字　　数	174 千字	
版　　次	2024 年 3 月第 1 版　　2024 年 3 月第 1 次印刷	
书　　号	ISBN 978-7-5232-0993-6/G・828	
定　　价	39.80 元	

前　言

　　随着语文考试内容的改革，阅读的重要性逐渐凸显出来。近年来阅读题的比重在中考考试中不断加大，阅读内容也越来越丰富，天文、地理、历史、科技等均有涉及；同时，体裁呈现多样化，涵盖散文、戏剧、小说、新闻等。文章涵盖面越来越广，意味着对学生阅读能力的要求越来越高。所以我们应该清晰地认识到，阅读能力的高低直接影响分数，如果阅读能力不过关，那么考试成绩肯定不会理想。

　　"读不懂的文章，做不完的题"一直是中学生面临的难点和困境。这就要求学生不能停留在过去的刷刷考卷、做做练习题，或是阅读一两本课外书的阶段，而是要最大限度地提升阅读能力，理解文章作者和出题人的意图，只有让学生进行大量有针对性的阅读，才是最切实有效的方法。

　　语文知识体系的构建和语文素质的养成，既需要重视课堂学习，又需要重视课外积累。那课外积累应该怎么做呢？高质量的课外阅读是非常有效的，这已经成为提升学生"综合竞争力"的有效手段。因此，我们策划出版了"中考热点作家"课外阅读丛书，为广大中学生提供优质的课外读物。

　　这套系列丛书共 10 册，每册收录一位作者的作品，选取了该作者入选省级以上中考语文试卷、模拟卷阅读题的经典作品，以及该作者未入选但适合中学生阅读的作品，帮助学生扩大阅读面，对标中考。书中对每篇文章进行了赏析、点评和设题，能够助力学生阅读，有利于提升学生的文学素养、答题能力和答题速度。

本系列丛书收集了在国内中考语文试卷阅读题中经常出现的 10 位"热点作家"杜卫东、蒋建伟、刘成章、彭程、秦岭、沈俊峰、王若冰、杨文丰、张庆和、张行健的优秀作品。这些"热点作家"入选中考语文试卷阅读题的作品多以散文为主，他们的作品风格多样，内容丰富，但都具有很高的文学价值和浓郁的时代气息。这些作品不仅对中学生阅读鉴赏能力和写作水平的提升有促进作用，还对中学生的生活和学习具有启迪和指导意义，我们相信这套丛书会受到广大师生的喜爱和欢迎。

　　新中考背景下的语文学习，阅读要放在首要位置。事实上，今后的中考所有学科都会体现对语文水平的考查。不仅是语文试卷增加了阅读题的分量，其他学科也越来越注重对学生阅读理解能力的考查。提升阅读能力是一项任重道远的工作，重在培养兴趣，难在积累，贵在坚持。只要持之以恒，一定会有意想不到的收获。

CONTENTS

第三辑　时光印记

▶ **作家带你练**

▶ **名师带你读**

第一辑 大美关中

　　我像一只小小的甲虫，盲目而又神迷情醉地从南到北，从北到南，一趟又一趟沿着山间河谷，在秦岭深处的山岭之间南北穿行。我甚至习惯了在盛夏如火的烈日下突然改变行走路线，从四轮生风恨不得一口气逃出高山重围的长途汽车上跳下来，或坐在连一只飞鸟都看不见的山谷任充满了秦岭山区蓝天和大地的知了的叫声将我淹没。

【预测演练】

阅读下面作品，完成 1—5 题。（19 分）

天水古树

①从天水城区的街市穿行而过，让人止不住就要仰首观望的，是一棵挨一棵站在街头巷尾，门前院落，粗可合围、高能擎天的参天古树。登上南郭寺，站在玉泉观，朝下一望，躯干巨大，树干如云的古树从密密匝匝结成一片的古旧屋顶上撑开一道道豁口，捧绿撒翠，煌煌然如一堆一堆苍翠的山峰从西关涌向东关，由北关堆向南城，十分壮观。

②"前人栽树，后人乘凉"，这句话语所包含的另一层意味应该是有人栽了树，才会有树。可见，对一座城，一个村庄来说，有没有几棵让人一望便会油然生出沧桑浩叹的古树，便可以获知这地方文明源起的第一手资料。天水建城史可以上溯至公元前秦武公时代，

距今已逾 2700 年了。如此说来，在这座前后延续了两千多年历史的边地古城，有这么多的古树，也就不足为奇了。

③伏羲庙原先依照伏羲八八六十四卦排列方式植有六十四棵柏树，树与庙同寿，都是明正德年间的圣物。日月推移，沧海桑田，有生命的树自然也有生老病死的时候。但令人叹为观止的是，庙内存活至今的二十来棵古柏，不管躯干有多么精瘦，枝干如何苍老，却依然执着地把根伸进泥土深处，把一簇仅有的绿意播向蓝天。

④有些日子，我曾经长久地站在这一棵棵绿冠如云的大树下用心揣摩，这些春日便发出新芽，风雨来时练就了一身钢筋铁骨的古树，与我们居住的这座古城过去的人事变故到底还有哪些联系呢？自古以来，人类一直凭借自己杜撰的文字认识历史，但历史本身是一种过程，一种状态。真正的历史一旦变成书面的东西，怎么说也就让人觉得不那么牢靠，不那么真实了。不像这一棵棵把根扎于大地深处的古树所标示、所见证的历史，你想涂改也涂改不掉。

⑤于是，我总以为对于这座千年古城来说，这一棵棵绿冠如云，粗大的树干上落满了岁月累累伤痕的古树，不仅是让天水声显名赫的自然景观，更是这座不老的古城活着的历史。

⑥长在城里的古树算是有福的。它站在熙攘的街市上，平日里有游客为它投下惊叹的喝彩，有文人骚客为它吟诗写赋，有文物部门为它挂牌保护。至于那些因生不逢时而枯于荒丘、死在山里的古树，则免不了要遭受另一番境遇。

⑦我的老家街子乡也有两棵祖祖辈辈引以为豪的古树，其中一

棵是国槐，祖辈就叫它"八股槐"，至今还挺立在当年杜甫侄子杜佐居住过的子美村后面，因此又叫"子美槐"。另一棵是我国北方本来就十分罕见的珍稀树种——白皮松，被称为"九股松"，原本挺立在街亭古镇东柯河左岸河谷川地上。这两棵古树一左一右，是家乡一处独一无二的景观。

⑧天水城里的古树虽多，却没有一棵拥有"九股松"那种顶天立地的气象。从潘集寨沿东柯河进东柯谷，七八里路之外，就能看到"九股松"那高隆如山的绿色树冠。每至春回大地，"九股松"满枝苍翠，雪白的树身和高大的树枝便撑起一片使整个街亭古镇沉迷陶醉的松香清芬。到了初夏，不知从何处翩翩飞来的白鹭栖落枝头，使这棵古树占据的一方天空，成了这座古朴小镇最富诗情画意的迷人景观。

⑨也不知是请阴阳先生看了风水的缘故，还是嫉恨这棵千秋古树逼人的生命活力，公社大院要搬到"九股松"下的一片平地上，于是在一个本该属于树木生长的春天，残忍的刀斧却向天水古树家族中这棵绝代神品砍去。"九股松"惨遭厄运那一年，我正在读初中。一个多月时间，天天从教室玻璃窗看着十几条汉子刀斧并用，日出而作、日落而息，终于把那棵我后来才获知可称为"第四纪冰川时期活化石"的白皮松砍倒在地，我的心中有一种隐痛，以至于时隔40多年，每次回家看到子美村后孤零零独自苍老的"八股槐"，这种无奈的隐痛就愈加剧烈。

⑩古树把粗壮的根系深深扎入地下，既是为了生存，也可以理

解为生命对大地母亲的热爱。但从模棱两可的社会史观来看，我更愿意把这种不朽的生命状态，理解为大自然有意安排、供后人用情感和良知破译的另一种历史。

⑪当我们抚摸着古树那粗糙、皴裂，然而又充满力度和质感的躯体，如同抚摸一种难言的历史，内心的怦然悸动，证明着这一切。

（有删改）

1. 文章第①段划线的句子运用了哪些修辞手法？选一种，分析一下。（4分）

_____

_____

_____

_____

2. 第⑥段在文中有怎样的作用？（4分）

_____

_____

_____

_____

3. 下列对本文理解恰当的一项是（ ）（3分）

A. 第②段从历史的角度阐释了"前人栽树，后人乘凉"的真意。

B. 第③段写当年修建时种下的六十四棵柏树依然充满着勃勃生机。

C. 第④段作者认为人类一直凭借杜撰的文字认识历史是客观的。

D. 本文的语言，朴实中蕴含深意，透出一种浓浓的历史沧桑感。

4. 第⑧段作者详细了描写"九股松"的气象，这样写有什么用意？（4分）

_____

_____

_____

_____

5. 通过阅读全文，你对天水古树有什么看法和见解？（4分）

_____

_____

_____

_____

中华诗祖

名师导读

　　《诗经》是中国第一部诗歌总集，收录了311首诗歌，故又名"诗三百"。其采集者相传是中华诗祖之一的尹吉甫，比大名鼎鼎的屈原早了整整六百年。尹吉甫是周宣王时期的采诗官、内史、政治家、文学家、军事家，周宣王称其为"文武吉甫，天下为宪"，为保存华夏文明、传承中华文化做出了巨大而极其重要的贡献。

　　2004年到房县，县委宣传部同志介绍说，房县神农架山区不仅发现了华夏民族第一部创世史诗《黑暗传》，还是"《诗经》之乡"。因为《诗经》的主要采集者、编纂者之一、中华诗祖尹吉甫是房县人，出生在房县青峰镇。

10 年前考察秦岭，我使用过一切既可以代步，又省钱的交通工具，那时我走过的秦岭山区，交通现状和现在不可同日而语。^①从房县县城到青峰镇三四十公里，公共汽车很少，到房县那两天，滂沱大雨又一直追随着我，所以那次我没有能够拜访尹吉甫墓。2014 年 8 月，我是经南漳，从保康寺坪镇进入房县的。

南漳和保康属襄阳管辖，房县地处十堰市神农架北缘，都是汉江以南高山峻岭最密集的地区。从南漳到保康，一直行驶在高山之巅。公路在一座接一座，高耸入云的山岭盘绕。流水在高山峡谷畅流，倒也感觉山清水秀，美不胜收。然而从西部进入房县，山形变得支离破碎，道路也崎岖不平。就在忽高忽低、难辨西东的山路将我颠簸得昏昏欲睡时，一座山间小镇出现了。镇子并不大，白墙黑瓦的建筑散落在破碎不堪的山坳间。一开始没有注意,走到镇政府门口才发现，镇子名字叫尹吉甫镇。打开地图一看，地图上明明标明这里是榔口乡，怎么就变成尹吉甫镇了呢？修路的民工告诉我，前几年才改的。

这位民工指着我刚刚走过的山坡说，那边还有尹吉甫文化园呢。

^②掉头折到镇西山坡下，路南果然立着"尹吉甫故里"石碑，小亭子里有一尊尹吉甫手握一卷《诗经》

❶ 从另一个方面反映了神农架人迹罕至、幽远久长的特征。

❷ "《诗经》之乡"这个名头，配着尹吉甫手握《诗经》的雕像，令人对两千多年前的礼仪之邦西周的政治、经济、文化、生活浮想联翩。

的塑像。亭子对面还有"《诗经》之乡"的宣传栏。

争抢名人故里，在中国已不是新闻。明清两代《郧阳府志》《房县志》及《广舆记》《明统志》《辞海》也都说："尹吉甫房陵人。"房陵即现在的房县。① 房县青峰镇宋代出土的一件青铜器"兮甲盘"，也叫"伯兮吉父盘"，上有铭文133字，记述了尹吉甫的生平事迹，据考证是尹吉甫生前遗物。即便如此，还有河北沧州、四川泸州、山西平遥等地也说他们那里是尹吉甫故里。

我掌握的史料说，尹吉甫是出生于公元前852年，是周宣王时的太师和著名军事家、诗人、哲学家，被周宣王称为文能治国、武能安邦的天下奇才。梳理尹吉甫一生的事迹，他不仅是历史上有名的忠臣名将，还是我国第一部诗歌总集《诗经》的主要采集者和作者之一。

尹吉甫老家在汉江南岸神农架深处的房县，西周到了周宣王时代，都城在秦岭以北渭河支流镐水岸边的镐京。我不知道尹吉甫是如何翻越崇山峻岭、渡过滔滔汉江，又翻越莽莽秦岭到达镐京并获得周宣王赏识的，不过所有介绍尹吉甫的资料都说，尹吉甫不但才智超群、能力超人，对周宣王忠心耿耿，还是周宣王太子周幽王的老师。作为军事家，尹吉甫最大的功绩是于周宣王五年（公元前823年）奉周宣王之命率军出兵太原，征伐侵扰西周边境的北方游牧民族猃狁，

① 河北在北方，四川属于西南方，山西在西北，相距何止千里！各地都认为本地才是尹吉甫的故里，一方面是对尹吉甫的崇敬，另一方面也是希望借助尹吉甫发展本地经济文化事业。

❶ 武功，解决一时之困，留下万世基业；文治，书写民族生活，塑造民族之魂。相比较而言，文治更能使中华民族品格、情怀、精神、意志等方面绵绵不绝。

❷ 为了聆听黎民百姓的心声，体会民间生存的疾苦，采诗官走到田间，走进百姓视野中。所以《诗经》能非常真实地反映西周时期的真实生活。

并在将猃狁赶到塞外后扩建了平遥城。

① 尽管对于尹吉甫采集《诗经》的历史，所有资料都一句话带过，但对于尹吉甫本人和中国文学史来说，他所从事的业余采诗工作，远比忠心侍奉王室和征讨猃狁重要得多。

《诗经》里绝大多数作品，本是由周王室任命的职业采诗官从民间采集而来的民间歌谣，但作为《诗经》作品最初的采集者，尹吉甫开始采集民间歌谣的时候，采诗官这个职业大概尚未出现。尹吉甫采诗，一开始也许仅仅属于个人爱好。久而久之，有可能是受了尹吉甫启发，也有可能是尹吉甫出于对那些散落民间，充满生活气息的民间歌谣的沉醉与迷恋，向周宣王提出了设立专门机构，指派专人到民间采集这些既可吟唱娱乐，又能反映民情民意的歌谣的建议，西周历史上一个特殊职业——采诗官出现了。

② 春天来临，万物复苏，和风送暖，伴随一声声清脆的木铎声，一位位手摇木铎、背负竹简的采诗官面带微笑，步履儒雅地穿行在周王室麾下各诸侯国乡村。杨柳依依，溪水幽鸣的田亩间，锄禾犁地的农夫，也被田野深处悠扬回荡的木铎声吸引。木铎声愈响愈近，人们放下手中的农活，聚拢到采诗官恭迎他们的田头。一阵拜见寒暄之后，采诗官和农夫席地而坐，一边拉家常，一边探问最近这里有什么新歌可否唱来

听听？一开始，妇女们扭扭捏捏，孩童们你推我搡，不好意思唱。一般情况下，总是白髯齐胸的老者先站起来扯开嗓门，落落大方，神情十足地开始吟唱，随后就有年轻媳妇、愣小伙子，也放开嗓门唱起了他们贮藏已久的情和爱：

① 南有乔木，不可休思。

汉有游女，不可求思。

汉之广矣，不可泳思。

江之永矣，不可方思。

翘翘错薪，言刈其楚。

之子于归，言秣其马。

汉之广矣，不可泳思。

江之永矣，不可方思。

翘翘错薪，言刈其蒌。

之子于归，言秣其驹。

汉之广矣，不可泳思。

江之永矣，不可方思。

❶ 这首诗，看似平淡，实则反映了男子追求女子、爱而不得的痛苦心情。本诗采用重叠章句的形式，倾吐了惆怅失意的愁绪。

——《诗经·汉广》

采诗官到来的日子，也是三千多年前的西周乡村的节日。人们用歌声互吐男女情爱，表达对生活的向往、劳动的艰辛，也倾诉对现实的不满、对苛政的愤懑。悠扬的歌声在春天的田野上柔曼回荡，采诗官一边沉醉其中凝神倾听，一边在竹简上刻写记录。

在朝廷上，深受周宣王尊重、众人拥戴的尹吉甫和众多采诗官，就是这样日复一日，年复一年，奔走在周天子辽阔的王土上，将那些散落在民间充满激情而又悠扬动人的歌谣，一首一首搜集起来的。①被誉为中国诗歌源头、汉武帝以来一直被奉为儒家经典的《诗经》就这样，由尹吉甫一样的采诗官如沙里淘金，一首一首从民间捡拾起来。为了采集民间歌谣，尹吉甫曾经走遍了西周疆域许多地方。有人认为，这也是河北、四川、山西等地说尹吉甫是他们那里人的原因。

②尹吉甫不仅采诗，自己也写诗。据说，《大雅》里的《烝民》《崧高》《江汉》《韩奕》都是尹吉甫的原创作品。其中的《烝民》，尹吉甫歌颂的对象，是与他同朝为臣的周宣王忠臣仲中甫。

因采集《诗经》作品并着手编纂《诗经》而被称为中华诗祖的尹吉甫，去世于周幽王宫湼七年（公元前775年）。③对于尹吉甫之死有两种说法：一说周幽王后期沉溺女色，朝政腐败，尹吉甫忍无可忍，辞官回到房县老家无疾而终。还有一种说法说，尹吉甫是

❶ 读万卷书，行万里路。尹吉甫为了理想不辞辛苦走进百姓中间，体味民间疾苦，目力所及，心之所动，笔力所触，写下了传颂千古的不朽经典。

❷ 作者列举《大雅》里的4首诗歌，有力地证明了尹吉甫才华卓越、无愧于中华诗祖的事实。

❸ 对于尹吉甫之死，无论哪种说法，都改变不了周幽王当政晚期不理朝政的历史形象。

被周幽王杀害的。

　　持后一种说法者说，史书上虽然没有周幽王杀尹吉甫的记载，但尹吉甫死的时候周幽王正为讨取褒姒一笑胡作非为，尹吉甫极有可能因为在周幽王废立太子和王后的事情上，与周幽王产生矛盾，被周幽王所杀。有资料还说，杀了先父托孤之臣和自己的老师尹吉甫后不久，周幽王后悔了。为表示悔过之意，周幽王为尹吉甫塑了一个纯金头像，放到尹吉甫墓葬里。为了防止后世有人盗墓，周幽王还下令在房陵修建了12座尹吉甫墓。

　　在房县，有人指着从榔口乡、青峰镇一带绵延起伏，一直延伸到县城附近的12座山岭说，那就是周幽王迷惑盗墓者的尹吉甫假陵。

　　2014年8月再次到房县，我收集到的资料说，县文保部门还保存着"周太师尹吉甫之墓"的石碑。此石碑发现于尹吉甫故里榔口乡万峰山宝堂寺，明正德年间房县知县主持建造的《万峰山宝堂寺立碑记》说，宝堂寺是尹吉甫辞官回家后隐居之处。资料还说，以房县为主，十堰境内至今尚有1000余口尹姓。房县万峪乡77岁的尹维鹏老人，一口气能背出尹吉甫一脉尹氏56代的家谱。还有人说，《诗经》里也收录了不少当年房县民间传唱的民歌，并指正说，《诗经·关雎》和房县流传千年的民歌《年年为难姐做鞋》如出一辙：

"关关雎鸠（哎）一双鞋（呦），在河之洲送（哦）起来（咿呦），窈窕淑女（幺）难为你（耶），君子好逑大不该，（我）年年难为（呦）姐做鞋（咿呦）。"

后来，有媒体传出，房县将斥资5亿元建立《诗经》文化园。

延伸思考

1. 历史上，"中华诗祖"尹吉甫是怎么死的？

_____

_____

2. 请对《诗经》中的名句"昔我往矣，杨柳依依。今我来思，雨雪霏霏"做简要赏析。

_____

_____

太白山下

自古名山僧道多。秦岭主峰太白山位于中国陕西，是全世界唯一的一座拥有佛、道、儒三家文化的名山，有放羊寺、平安寺、文公庙、斗母宫等，终年香烟缭绕。另外太白山还是中草药名山，是天然的药物库，不仅有着几千种中草药，而且孕育出特有的中草药文化，"太白山上无闲草，认得草药遍地宝"这句民间谚语就是佐证。太白山有着厚重的历史文化底蕴，是世界级著名道教文化圣地，正在逐步走向全球。

① "为天地立心，为生民立命，为往圣继绝学，为万世开太平。"这四句话，被当代著名哲学家冯友兰先生称为"横渠四句"，出自出生并治学于太白山下眉县横渠镇的北宋理学创始人之一、关学大师、横渠先生张载的《横渠语录》。

在眉县横渠镇张载祠碑文和查阅的史料中，给我

❶ 张载是北宋关学学派创始人，是理学创始人之一，史称"横渠先生"，他的著名"横渠四句"被作为读书人的道义和使命，激励一批一批读书人奋发作为，影响深远。

❶ 人不可貌相，海水不可斗量，张载单薄的身躯里蕴藏着伟大的思想。作者采用联想的手法将张载与杜甫进行了对比，突出了二者忧国忧民的一致性。

印象最深的张载形象，还是乾隆八年刻本《晚笑堂画传》和明代崇祯刻本《圣贤像赞》中的张载立像。① 画面上，一位瘦弱儒雅的知识分子目光炯炯，却总表现出一种若有所思的神态。特别是他那清瘦的身躯，让我禁不住就想起来一生颠沛流离的杜甫——作为在当朝影响巨大的著名学者，尽管张载一生曾享受过两度应召入朝任职的殊荣，但在忧国忧民这一点上，杜甫"致君尧舜上，再使风俗淳"的理想与张载渴望恢复夏商周三代政体的想法，本质上如出一辙。

张载老家在开封，但命运却将一位大哲学家的一生都交付了太白山。

公元1020年，张载出生后也生活在朝南可以望见秦岭与太白山的长安城。后来，父亲调任秦岭以南的涪州做知州，年幼的张载即随父亲去了涪州。十五六岁，父亲病故涪州任上，张载和母亲、弟弟张戬扶亡父灵枢返老家开封安葬途上，经汉中从斜峪关翻秦岭到达太白山下的眉县时，路费告罄，前方又发生战事，一家人被迫滞留眉县横渠镇。

❷ 北宋执行文人治国的策略，导致国家武备不强，遭受四夷不断侵略。兵荒马乱也深刻影响到了张载，使张载与太白山结下了不解之缘，为故事情节的发展埋下伏笔。

张载途经太白山的时候，正是西夏王李元昊拉开对宋作战战幕之际。张载在横渠镇遭遇的前方战事，大概正是李元昊自称西夏皇帝，发兵十万掠夺陕北延安边地的那场战争吧。② 由于战乱，加上经济拮据，在将父亲灵枢安葬在与太白山一脉相承的眉县横渠镇大振谷口迷狐岭后，张载和母亲、弟弟也被迫把家安在太白山下的眉县横渠镇。

宋仁宗嘉祐二年，公元 1057 年，在太白山下苦读十余载的张载，踏上前往大宋都城汴京（开封）参加科举考试的应试之路，这一年张载 38 岁。此前，张载还受范仲淹之邀，为范仲淹在今甘肃庆阳附近修建的庆州大顺城撰写了《庆州大顺城记》。张载的治学名声，也因此广为人知。

这次科考，担任主考官的是欧阳修，与张载同科考试并同时获得进士的还有苏轼、苏辙兄弟。考取进士等待诏书期间，有一件事情值得一提。据史书记载，当朝宰相文彦博特意在开封相国寺设置虎皮椅，让张载讲《易》。这样的待遇，恐怕远远胜过了当今一些学术达人上央视《百家讲坛》了吧？然而，张载并没有因此沾沾自喜，感觉自己已经成了举世仰视的学术大家了。一次偶然机会，听了后来成为北宋理学奠基人程颢、程颐兄弟对《易经》的见解后，身为程颢、程颐表叔的张载，竟然撤席罢讲。第二天罢讲之际，他对前来听讲座的人说，① 程颢、程颐兄弟对《易》理解深刻，他也望尘莫及，大家如果要学《易经》，还是拜他们二人为师吧。同时，他还虚心向作为晚辈的程颢、程颐兄弟请教，并在这一时期完成了其著名的《易说》。

做学问，然后跻身仕途，这是古代崇尚修身齐家治

❶ 知识分子最大的弊病就是傲慢，看不起别人。张载才高八斗，学富五车，竟然虚心学习，请教晚辈，凸显其巨大的人格魅力。

国平天下理想的知识分子的必由之路，张载也不例外。考取进士后的张载自然而然地，开始按照当时体制规程，进入体制内。他先被安排到河北安国、陕西宜川、甘肃平凉等地担任司法参军、佐郎、军事判官等职，后来还出任过宜川县令，①张载的行政才能和军事才华在这一时期得到充分显现。是以，后来张载被御史中丞吕公著推荐给宋神宗。被皇帝召见时，张载希望恢复夏商周三代治国策略的观点与宋神宗不谋而合，当即被安排到相当于现在国务院的中书省枢密院工作。

大概是上苍有意要成就一位为人类历史留下璀璨光芒的思想家的缘故吧，张载进入北宋中枢的时候，王安石刚刚开始改革新政。作为同龄人，同样也是胸怀大志的杰出政治家、大思想家、学者、文学家和诗人的王安石，对当时已经身处北宋中央政权中心的张载，自然不敢等闲视之。张载在枢密院工作不久，王安石就登门拜访，希望张载能够支持他改革变法。让王安石失望的是，张载婉言拒绝了王安石的请求。

②为何张载没有成为王安石变法支持者？有人解释说这是因为张载刚刚进入北宋政权的权力中心，对时势还要进一步判断分析，此时与王安石激进的改革派保持距离，不失为一种考虑个人安危的必要选择。实际上，张载弟弟、身居监察御史的张戬，那时已经坚定地站在司马光代表的旧党一边，成为王安石改革

❶ 学而优则仕。这是中国古代读书人的宿命。才华出众、能力极强的张载得到了贵人相助，自此走上人生巅峰。可见成功是奋斗得来而不是天上掉下来的。

❷ 作者采用了设问的修辞手法，调动读者阅读的兴趣，同时表现张载在事态不明朗之前的沉稳、谨慎的态度。

的公开反对者。所以张载选择对王安石改革既不配合，也不公开反对的态度。

张载拒绝与王安石合作，为他今后的命运埋下了伏笔。当弟弟张戬终于与王安石撕开脸皮，走到改革派对立面继而被贬到湖北江陵后，张载预感到，如果继续在权力斗争翻江倒海的朝廷待下去，必然凶多吉少。为避免被弟弟掀起的旋涡卷走，张载选择了主动辞官，回太白山下眉县做学问。

显然，张载从宦海是非中脱身而出，是迫于无奈。然而，这还不是张载与北宋朝廷政治上的最后诀别。因为后来，当被人推举并接到朝廷召唤后，张载还是以病老之身欣然进京，又做了一段时间宋神宗时期的礼部副职，并在政治抱负再次受挫后辞职，病殁于从开封返回太白山下的路上。

①张载这种对政治的热情和他受的挫折，让人常常想起孔子——不仅因为张载是孔子儒家思想的忠实继承者和发扬者，更因为他和先贤怀抱着共同的政治理想。孔子晚年，面对礼崩乐坏的社会现实悲叹道："甚矣，吾衰也。久矣不复梦见周公！"却始终如一寄望于有朝一日能够通过"克己复礼"，恢复周礼统治下的那种社会制度。时隔一千多年，张载的政治理想以及遭遇，几乎就是当年孔子经历的翻版。在朝廷，张载向宋仁宗建言恢复夏商周三代政治体制，这或许正是

❶ 人一生唯一能流芳百世的东西就是思想。在分析张载的人生时，作者将张载与孔子进行了对比，突出二者政治理想的共同性。

直陈了他与王安石政治取向上的差异。回到太白山下后，张载一方面著书讲学，研究义理，探求天地及圣贤之道，一方面开始实施一系列在朝廷做官时无法实现的社会改革实验。

2013 年，我在太白山下徘徊时，有人指出眉县横渠镇崖下村、渭河北岸扶风县午井镇和远在长安区的子午镇，正是张载当年推行恢复西周井田制的实验地。有人还说，在这些地方还有张载进行井田制土地制度改革实验的遗迹。

《宋史·张载传》对张载这一时期的生活记述十分详尽：

❶ 读至此，每每为之动容，张载就是在如此极简条件下践行着自己伟大的人格和崇高的理想。

①"还朝，即移疾屏居南山下，终日危坐一室，左右简编，俯而读，仰而思，有得则识之，或中夜起坐，取烛以书。其志道精思，未始须臾息，亦未尝须臾忘也。敝衣蔬食，与诸生讲学，每告以知礼成性、变化气质之道，学必如圣人而后已。以为知人而不知天，求为贤人而不求为圣人，此秦、汉以来学者大蔽也。故其学尊礼贵德、乐天安命，以《易》为宗，以《中庸》为体，以孔孟为法，黜怪妄，辨鬼神。其家昏丧葬祭，率用先王之意，而傅以今礼。又论定井田、宅里、发敛、学校之法，皆欲条理成书，使可举而措诸事业。"

这里的"又论定井田"，即指张载实行试图恢复西周时期土地公有的井田制实验。① 张载不仅悉心研究西周井田制，向皇帝上书《井田议》，希望推行，还和自己的学生出资购买数百亩土地，按照西周井田制方式，以"井"字划分为九块，以中间一块为公田，四周八块为私田，将私田分给地少和无地农民耕种，并出资修建灌溉渠，以保证井田制实验成功。

距离张载在太白山下进行"井田制"实验的1000多年前，西周由盛而衰的历史已经证明，井田制是一种有着过多理想色彩的土地制度。1000多年后，面对无法挽救的衰败局面，张载试图恢复已经被历史摒弃的井田制，自然不会有什么结果。但从中，我们既可以看到张载为改变当时社会现状所付出的艰辛努力，也能更深切地理解一位对现实人生充满热情的知识分子的孜孜以求的理想情怀。

在太白山下，除了进行井田制实验，更多的日子，张载还用大量时间和精力著书立说，带徒讲经。《眉县志》说，太白山附近的关中书院、绿野书院、横渠书院和扶风贤山寺，都留下了张载讲学的足迹。

这时候的张载，已经构建出"宇宙本源是气"的宇宙观和气化生成理论体系。张载创造性地提出天地之性与气质之性合一的人性论思想，完成了对孟子、荀子以来儒家人性理论富于哲学深度的重建。张载所

❶ 张载不是迂腐的读书人，他做事稳重，从小到大，逐步探索。作者以平实的语言，简要的叙述，将张载忧国忧民的情怀鲜明地表达了出来。

倡导的"为天地立心，为生民立命，为往圣继绝学，为万世开太平"的人生追求，其实就是他"成性成圣"人生理想的具体化阐述。在张载看来，人人都应该以成就圣贤为目的，树立历史使命感，最终达到与天地万物融为一体的境界。在讲学时，张载再三要求学生"学必如圣人而后已。以为知人而不知天，求为贤人而不求为圣人"。[①]张载在太白山下完成的这种理论，不仅完善并发展了儒家学说，而且成为儒家重要支脉——关学源头，也为朱熹创立北宋理学奠定了理论基础，在中国思想史上占有重要地位。张载身后，他的学术思想不仅对明末清初的思想家、哲学家、史学家、文学家王夫之产生了重大影响，其学术著作还在明清两代被列为科举考试必考科目，成为备受明清统治者推崇的主流学术思想。同时，张载还是一位出色的天文学家。他不仅独创性地解释了地球运动问题，提出地球向左旋转理论，还从《黄帝内经》中得到启示，草创了"宣夜浑天合一"的宇宙图式，并以此图式就太阳和月亮与地球之间的距离孰远孰近的问题，得出了日远月近的结论。

据地方史志记述，张载建构自己的学术体系时，长期在现在的太白山森林公园附近的大振谷隐居。不知道隐居期间，张载是否登临过太白山极顶，但作为一位强调天地是万物和人的父母，天、地、人三者混

❶ 作者抓住张载思想的精髓进行简要概括，突出其与孔孟儒家学说、北宋理学、明清主流学术思想的一脉相承的重要历史地位。

合处于宇宙之中的哲学家，张载在思考、写作、静修之际，太白山自然山水对他的心灵世界，一定产生过深刻而巨大的影响。^①如果不是长期在终年笼罩着神秘、神奇的氤氲之气的太白山沉思默想，张载对天地万物之间的关系，以及自然星象的变幻，还能不能领悟得如此澄澈呢？

公元 1078 年农历的最后一个月，开封通往长安的官道上风雪交加，天寒地冻，一顶破旧单薄的轿子在漫天风雪中艰难前行。随行人员除了轿夫，只有一个小伙子。轿里，一个脸色蜡黄，神情憔悴的汉子双目紧闭。

^②过了潼关，八百里秦川已然在望。然而，漫天风雪将天地融为一体，自太白山向东蜿蜒而来的秦岭，也被淹没在茫茫风雪之中，只有几线苍茫高挺的憧憧身影若隐若现。到了华山脚下，轿上的病人强忍剧痛，冒着满头豆大的冷汗，睁开眼睛，艰难地看了一眼茫茫大雪中影影绰绰的西岳华山，复又咬紧牙关，忍住疼痛，继续颠簸前行。

天暮时分，轿子到了临潼，一行人找一家旅舍住了下来。第二天清晨，大雪停息，白雪皑皑的关中大地一片寂静。忽然，一声撕心裂肺的号啕从病人身处的客舍传出来，将积雪覆盖的旷野上清冷的宁静撕裂。

这一天，是熙宁十年（1077 年）农历腊月二十六，

❶ 伟大的思想必然是人类社会劳动、生活价值的思考和反映。作者并不是否定张载的学术天赋，而是强调太白山对其思想的顿悟具有一定的促进作用。

❷ 境由心生。太白山是秦岭的主峰，已经漫天风雪，异常寒冷。为张载不久于人世的悲壮、最终与天地合二为一的命运渲染了悲凉的氛围。

旅舍中去世的人，就是不久前抱病应诏进京，复又辞官回家的关学宗师、一代理学大师、关中大儒张载。此时，跟随在身边的亲人，只有他的外甥一个。

这一年，张载58岁。

① 张载，横渠先生，临终身无分文，穷得连连棺材本也没有；但他又是富裕的，因为他创设的关学学派和伟大思想，流传至今，经久不衰。

①据记载，这位两度被皇帝征召进京、三次出任地方官、学富五车的北宋大学者，在临潼旅舍辞别人世之际已经身无分文，伴随他的外甥甚至连给舅舅买棺材入殓的银两都没有。直到老师仙逝的消息传到长安，张载在长安的学生赶来才为老师入殓，然后将棺椁送回眉县老家，葬于太白山大振谷父亲张迪墓南。

对于这座太白山，张载的"政敌"，试图通过革新挽救王朝危局的王安石，也有着依恋神驰的感慨：

太白巃嵸东南驰，众岭环合青纷披。
烟云厚薄皆可爱，树石疏密自相宜。
阳春已归鸟语乐，溪水不动鱼行迟。
生民何由得处所，与兹鱼鸟相谐熙。

延伸思考

1. 北宋理学创始人之一的张载有哪些优秀品质?

_____

_____

2. 谈谈你对"为天地立心，为生民立命，为往圣继绝学，为万世开太平"的理解。

_____

_____

道士塔前

名师导读 ▶

敦煌莫高窟是中国人的骄傲，因为这里珍藏着大量举世无双的文化瑰宝，向世界展示着那个年代的精神风貌。但莫高窟又是不幸的，因为一个没有什么文化的道士，一个非常不起眼的人，改变了它的命运。就让我们一起走近王若冰的散文《道士塔前》。

❶ 仰望敦煌莫高窟四十多年，作者才敢迈出朝圣的脚步，突出了它在作者心目中的重要地位。

① 与敦煌莫高窟默默对视四十多年后，我才迈着孤寂、怯生的脚步，踏上了朝拜这座肃立在中国西部大漠中央的佛教艺术圣殿的西行之路。

不是不想，而是不敢。几十年来，从画册上、影视里、文字中一遍遍凝视飞天环舞，佛光盛大的莫高窟庞然出世的身影，我脆弱的内心实在太惧怕自己成天奔跑于滚滚红尘的步履，会打扰莫高窟独守千年的那份宁静与圣洁，更怕与道士塔下埋葬的那段让国人至今无奈叹息的伤心史相遇。

最早让我记住敦煌的，不是莫高窟藏经洞的神秘灯火，也不是历朝历代不留姓名的供养人甘守寂寞，在大漠深处开凿洞窟，礼拜佛事的朦胧背影；而是那些身姿婀娜，自古以来就高高飘飞在中国传统文化精神上空的飞天，和那位背负了太多骂名，与莫高窟的辉煌与屈辱息息相关的没落道士王圆箓。① 一个是莫高窟为人类创造的极尽美丽、善良与自由的精神意象；一个是让莫高窟频遭劫难的千古罪人！创造与毁灭，高尚和卑微，这两种水火不能相容的精神情感，怎么就这么天衣无缝地同时出现在了煌煌盛大的莫高窟了呢？

梦在心里存放久了，脚步就会不由自主地加快。

武威过去了，酒泉过去了，包围在浩荡荒漠之间的嘉峪关也过去了。巨大的沙海出现在戈壁尽头。承天接地的沙砾静静潜伏在苍茫大地，仿佛成千上万默默行走在朝圣路上的圣徒：沉默、虔诚，无悲无喜，坚持不懈地匍匐在西行路上。② 我知道，进入中国西部这片神秘浩大的沙海深处，就是我谦卑的灵魂多少年来久久遥望，却不敢贸然接近的精神圣地敦煌莫高窟。

到了敦煌，游完鸣沙山和月牙泉，就匆匆忙忙赶往莫高窟。

通往莫高窟的路上虽然有一片片的绿洲和村庄，但绿洲过了，村庄过了，还是大片大片沙漠。白晃晃的沙

❶ 辛苦的工匠，造孽的王道士！作者通过两人间的对比，表现了自己孤寂、痛苦、不解的心情。

❷ 在作者的心灵深处，中国传统文化的强大力量才是自己虔诚信奉的图腾。

漠围拢在敦煌四周，盛夏灼热明亮的太阳照下来，敦煌一带辽阔无际的沙海仿佛一面横陈在茫茫西部的明镜，映照得敦煌的天空和大地纯洁纯粹，一尘不染。行走在通往莫高窟的沙漠，我能听见匍匐在大地上的沙砾宁静而铮铮有声的呼吸，我甚至还能感觉到满世界的沙砾都迈着和我一样急匆而虔诚的脚步，向莫高窟靠拢。

大地极尽之处，就有大地深沉的呼吸。穿过一片高挺笔直的白杨林，莫高窟出现在了视野里。

如果站在远处凝视，白沙覆盖下的莫高窟不仅没有半点神秘与庄严，甚至让人感到有些苍凉与伤感：从鸣沙山延伸过来的沙漠，一直覆盖到莫高窟顶上。<u>①一座苍老的烽火台伫立在空旷蔚蓝的天空下面。三危山对面，莫高窟洞开的一排排洞窟，仿佛一只只可以穿透我们这些沉迷俗世的造访者五脏六腑的眼睛，黝黑深邃，触目惊心。</u>

进入莫高窟，第一个与我相遇的，竟然是那位死后满身骂名的敦煌道士王圆箓。这位被余秋雨描写得目光呆滞、畏畏缩缩的王道士，七十多年前就带着他苦心经营莫高窟三十多年间纠缠不清的功过是非，离开了这个世界，但埋葬这个死后备受争议的灵魂的道士塔还在。

那是一座与四周其他僧人圆寂塔没有多大区别的土塔，状似一只倒立葫芦，兀立在莫高窟山门入口处最显眼的地方。多年前读余秋雨的《道士塔》，我印象

❶ 敦煌莫高窟，又名千佛洞。气势宏伟，虽然自然风化严重，但在无声无息之间给人们的心灵带来了巨大的震撼和视觉冲击。

中的王圆箓，应该属于那种为人们所不齿的奸佞小人。不曾想到，浑身涂满泥巴的塔身深陷处，镌刻在那方虽然有两道细细裂纹，却文字清晰的墓碑上的《太清宫大方丈道会司王师法真墓志》，竟将王圆箓描写成一位不仅修行上功德圆满，而且对敦煌莫高窟立下不朽功劳的有功之士！

① 历史的烟云，有时弥漫在灯光昏暗的黄昏，有时飘浮在阳光灿烂的黎明。要看清真相，只有拭去尘封在时光上面的尘埃和污垢。夫人和女儿争相以莫高窟为背景拍照。我正好俯下身来，细细品读王道士弟子1931年为这位备受争议的敦煌道士撰写的碑文：

民国廿年古七月卅日为吾师王法真仙游之百日，门弟子咸愿碑记行略，请命绅耆，众皆曰"可"，何幸如之。② 夫吾师姓王氏，名圆箓，湖北麻城县人也，风骨飘然，尝有出世之想。嗣以麻城连年荒旱，逃之四方，历尽魔劫，灰心名利。至酒泉，以盛道道行高洁，稽首受戒，孳孳修炼。迨后，云游敦煌，纵览名胜，登三危之名山，见千佛之古洞，乃慨然曰："西方极乐世界，其在斯乎？"于是建修太清宫，以为栖鹤伏龙之所；又复苦口劝募，急力经营，以流水疏通三层洞沙。沙出，壁裂一孔，仿佛有光，

❶ 历史的真相往往在经过层层修饰之后变得越发朦胧。作者用生动的文笔、真挚的情感、对历史负责的态度，为我们揭开王道士命运的面纱。

❷ 从本性看，王道士心地淳朴，看淡名利；从行为看，他受戒修炼，品行高洁，凭一己之力对敦煌莫高窟进行了维护。在那个动荡的年代，实属不易。

破壁，则有小洞豁然开朗，内藏唐经万卷、古物多名。见者惊为奇观，闻者传为神物。此光绪廿五年五月廿五日事也。呜呼！以石室之秘录，千百年而出现，宜乎价值连城，名驰中外也。观其改建三层楼，古汉桥，以及补葺大小佛洞，积卅余年之功果，费廿多万之募资，佛像于焉庄严，洞宇于焉灿烂，神灵有感，人民受福矣。惟五层佛楼规模粗具，尚未观厥成功。陆前县长嘉其功德，委为道会司以褒扬之。今者羽轮虽渺，道范常存，树木垦田，成绩卓著，道家之香火可续，门徒之修持有资，实足以垂不朽而登道岸矣。夫何必绝食练形而后谓之飞升哉。

千佛洞太清宫徒子赵明玉、孙方至福稽

首谨志

"神灵有感，人民受福"——是王道士弟子心怀私情，省略了这位被余秋雨斥为罪不可恕的历史罪人的种种劣迹，还是后人在藏经洞文物散佚这件事上过于责备王道士了？面对整修后墓碑上镀过金粉的黄金文字，我陷入了沉思。

王道士到来的时候，莫高窟这座丝绸之路上的佛教圣窟已经香火稀渺，残败不堪。在 20 世纪初那个烽火连天，战乱绵延的年代，中国正面临生死存亡的苦难抉择。一座被人遗忘在大漠深处的石窟寺的荒芜衰败，本不是什么大事。① 没有人礼佛，清政府照样四处征讨逆贼；没有人诵经，卖国贼照样向洋人割地求和。在一个民族生存都成问题的时候，还有谁在乎人的灵魂和精神世界？

如果王道士不来也就罢了。就是来了，这位心比天高，命比纸薄的道士不急于在他梦想中的宗教世界成功成名，"急力经营"，大兴土木；藏经洞秘密如果不暴露在这位心怀不合时宜梦想的道士面前，那么斯坦因、伯希、吉川小一郎、华尔纳这些文化暴徒和骗子，也就不至于如一群疯狂的苍蝇闻风而至，对这座东西方智者以一千多年心血与智慧共同构筑的文化瑰宝，进行肆意掠夺和践踏！偏偏是在中国历史上只有战乱和杀戮，不需要良知和思考的年代，莫高窟迎来了这位没有多少文化，却"孳孳修炼"，"尝有出世之想"的王道士。② 错误的时代和错误的机遇，让一个孤陋寡闻的道教修炼者，成了一座举世罕有的人类艺术宝库的主宰和掌门人，莫高窟的劫难在所难免。

没有发现藏经洞之前的王道士，仅仅是一位忠实的道教信奉者。他省吃俭用，四处化缘，"苦口劝募"，用一点一点积攒起来的微薄收入，修补洞窟，清理淤沙，并用仅有的一点宗教知识教化百姓，发展信徒，使不知从何时起就香火断绝，人迹罕至的莫高窟重新

❶ 评价一个人物或者事件，不可以脱离当时的历史背景。作者运用对比的修辞手法，揭露了当时黑暗的社会现实，作者并不认为王道士是罪不可恕的历史罪人。

❷ 莫高窟灾难的始作俑者不是潜心修行的文盲王道士，而是造成国破、家亡、割地、赔款的封建专制统治。目不识丁的王道士，在错误的时代做了一个错误的选择。

❶ 从这段文字来看王道士本性不坏，而且尽职尽责。对于王道士的评价，只能说他对敦煌莫高窟的历史文化价值几乎毫无所知，但他还是凭一己之力进行维护，劳苦功高。

响起了悠扬的诵经声，使曾经死寂阴森的莫高窟上空再度升起袅袅香烟。❶ 王道士在试图将莫高窟改造成道教圣地的同时，甚至还用积攒起来的香火钱为佛祖重塑金身，并建起一座供和他一样的道家弟子修行的三清殿，表现得像一位尽职尽责、恪尽职守的出家人。在 1897 年来到莫高窟的最初一段时间，王道士将全部精力和积蓄，几乎都用在了清理荒芜废弃的洞窟，维修坍塌佛龛上。仅清理藏经洞所在的十六号洞窟淤沙，王道士和雇用的民工花了整整两年时间。如世人都知道的事实和道士塔墓志铭所描述的那样，藏经洞发现后，如果不是出于经济上的窘迫和保护上的无能为力，致使大量珍贵文物流失、散佚，王圆篆应该不失为一名虔诚而且有功德的修行者。以至于发现藏经洞后，英国人斯坦因用二百两碎银换走了二十四箱敦煌写本和五箱艺术品；法国人伯希以六百两银子的代价得到一万多件敦煌文书；以及作为莫高窟管理者，王道士眼睁睁看着俄罗斯人鄂登堡掘地三尺，盗走本来已经惨败不堪的藏经洞内残留的一万多件文物碎片等。

❷ 王道士无怨无悔地守护着敦煌莫高窟这座佛教圣地，因把敦煌文物售卖给外国人而被一些人指责为千古罪人。作者言语中表达出对这位中国农民的怜悯和同情。

在幽暗如沉沉黑夜的藏经洞前，❷ 当讲解员用极其轻蔑的语言描述这位湖北麻城人如何目光呆滞，如何愚昧无知地和来自东西方的盗贼讨价还价，像处理废品一样出售藏经洞文物情景时，不知怎么回事，我竟对那位曾经死心塌地独守空寂，渴望功德圆满的王道士产生了深深的怜悯和同情。

  我在照片上看到的王道士骨瘦如柴，形如枯槁，的确就是那个连吃饭都成问题的年代中国农民的形象。尽管弟子在《太清宫大方丈道会司王师法真墓志》里将他描写成一位几乎已经抵达彼岸，飞升成仙的圣人，但王道士的所作所为、所思所想，以及目不识丁的水平，注定他最多不过是一位对道家精神心怀梦想的道士，或者一位一开始还能恪尽职守的莫高窟守门人。

  王道士也是生不逢时。他来到莫高窟的时候，大清帝国已经行将就木。①北京城里明火执仗，强词夺理要求割地赔款的各国列强，大摇大摆出入紫禁城。在遥远的西北大漠深处，一个手无缚鸡之力的清贫道士，又有什么能力承担起保护一座人类艺术圣殿的责任呢？一个国家，一个民族将保护全人类精神遗产的重任推脱到一个大字不识，又没有任何经济来源的农民身上，这对自古就以泱泱大国、文明古国自居的中国来说，无论如何是讲不通的。

  我手头还有一份资料说，华尔纳第二次来敦煌用洋布和树胶粘盗莫高窟二十余幅壁画时，当年在北京大学工作，后来成为著名陶瓷专家的故宫博物院研究院研究员陈万里随行。面对强盗明目张胆的抢掠，这位曾和钱玄同、胡适一起共过事的大文人，也只能眼睁睁看着华尔纳明火执仗，并在 1925 年 5 月 10 日的

❶ 不去理性思考对比，就得不到真相。作者通过对比强调了手无缚鸡之力的王道士的无奈，向至今一分钱都没捐给莫高窟的道德绑架者发出了第三次灵魂拷问。

① 皮之不存，毛将焉附，这是强调了整体对个体的决定作用。作者通过列举史实，再次突出了国富民强的极度重要性和决定作用。

② 作者通过连续两个振聋发聩的设问，进一步从更深层次揭露清王朝腐败无能、贪污横行、不关心民生疾苦和国家文化瑰宝的客观事实，为反驳道德绑架者提供了逻辑证据。

③ 达官贵人、各级官吏、当代文宗、帝国海关，他们都没有尽到责任，致使大量经卷文物流失海外。

日记中写下 ① "翟荫君在肃州复新雇一周姓木匠，同人咸呼之为老周。老周前年曾随华尔纳、翟荫二君赴肃州北黑城子及敦煌佣工数月。今日告我华尔纳君在敦煌千佛洞勾留七日，予道士银七十两，作为布施。华经洋布和树胶粘去壁画得二十余幅，装运赴京，周之助力独多，特附记于此"一类轻描淡写的文字了事。就是那位受朝廷委任，主持甘肃院试的提督学政、金石学家叶昌炽，也因为运费昂贵，在颁布一道让当地官员将藏经洞经卷文物运送省城兰州保管的诏令后，就再也没有过问藏经洞文物的生死去向。

② 清王朝岌岌可危，朝廷要清剿叛逆，各级官员要贪污腐化，还要支付外国列强巨额赔款，当时国库的银两大概也确实够吃紧的吧？但一个国家再穷，也能养活几个安贫乐道的出家人吧？国库再空，总不至于连从酒泉到兰州的几辆马车都雇不起吧？还有更让人想不通的：1908 年，法国人希伯从王道士手里骗到大量文物经卷，不是直接运回家，而是招摇过市，一路大摇大摆运到北京，在大清帝国京城的六国饭店举办一次盛况空前的展览后，才如入无人之境地浩浩荡荡运出境外。③ 我不知道在京城被邀请参加展览的达官贵人，当代文宗，还有没有人发出过一两声呜呼哀哉的喟叹呢？将近三十箱国宝级文物毫无遮拦地从大清帝国口岸出国，当时的海关哪里去了？保卫大清帝国

安危和尊严的军队哪里去了？

面对大量国宝一次又一次被劫持、偷盗，当朝名流视而不见，政府官员助纣为虐，甚至参与私分抢劫，我们还能苛求一位没有社会地位，没有权势，不仅身无分文，而且目不识丁的道士用羸弱的躯体保护一座人类艺术圣殿和一个民族的尊严吗？更何况，为了争取政府伸手保护藏经洞文物，从 1900 年发现藏经洞，到 1907 年斯坦因第一次来到敦煌攫走第一批经卷文物的七年间，王道士从来没有放弃过保护藏经洞文物的努力。^① 他形单影只，奔走呼吁，苦苦求助，换来的却是养尊处优的官吏的冷眼，以及官府遥遥无期的空头许诺。我猜想，当王道士骑着干瘦毛驴，顶着凌厉的大漠风沙来往于酒泉、敦煌之间，请求当权者保护藏经洞的乞求一次次落空后，内心一定充满了越来越巨大的悲哀、失望和绝望。日复一日，年复一年，官员的冷漠，朝廷的熟视无睹，修缮莫高窟经费的捉襟见肘，最终使王道士内心燃烧的宗教情绪一天天幻灭，也迫使他保护藏经洞经卷的热情一点一点地消减、退潮，甚至走向毁灭。^② 当王道士所有努力付诸东流的时候，历史终于将一位原本还有自己宗教理想和追求的普通道士，逼到了风口浪尖上。于是，卖国者、千古罪人、奸佞小人这些与人格和人品相关的诟骂，伴随着与斯坦因肮脏交易的开始，成了王道士后半生无

❶ 文化是晚清达官贵人酒足饭饱之后可有可无的玩物，作者从心理上表达了对王道士到处奔走呼告的同情。

❷ 一些罔顾事实、口是心非的文人，从道德制高点对王道士口诛笔伐，他们的观点缺乏对个体的尊重与关怀。

法洗刷的孽债。

王道士毕竟仅仅是那个特定时代一位普通的中国农民，一位只有想法，没有学识和见识的出家人。他本来就不是圣贤，让他成为同时代铁肩担道义的谭嗣同、康有为那样的烈士和哲人，有些太强人所难了。他一生在敦煌的所作所为，大部分时候只是以一个普通人的良知和普通道教徒的心理来决断是非，采取行动。如果不曾发现藏经洞，王道士可能仅仅是莫高窟成百上千修行者中没有人知道姓名法号的其中一位；发现了藏经洞，①如果王道士不是遇上那个气息奄奄的没落时代，没有斯坦因之流的到来，而是完完整整地将敦煌经卷保留给后世，人们又将如何评价这位形象猥琐的敦煌道士呢？

❶ 作者假想敦煌经卷完整保留给后世的情景，向读者发问，引起读者思考。

偏偏就是这位无知也无能的王道士，生在了朝不保夕的清代末年，这既是他本人的不幸，也是敦煌的不幸，更是中华民族的悲剧。所以伫立在道士塔前的那一刻我就想，将一个时代的悲剧强加给一个有时连自己的生存都成问题的普通人身上，不仅有失公道，而且不近人情！

❷ 作者基于敦煌莫高窟受到抢掠的客观事实，从根本原因、从思想深处再次向人们发出灵魂拷问。

②我既不为王道士辩护，也不否认历史真相，只是一遍又一遍地质问，在一个国家、一个民族面临劫难的关头，我们的政府哪里去了？我们的文化精英和国家栋梁到哪里去了？

如果不怀有偏见，我们可以发现藏经洞打开的一瞬间，王道士并非如余秋雨所描写的那样，表现得如见利忘义的小人，两眼泛着绿光，为突然降临在他面前的数以万计的文物有了斯坦因之流的买主而欣喜若狂。真实的历史是，王道士最初向洋人廉价出卖经卷文物，是在一个国家、一个政府放弃对自己民族的精神家产的保护权之后。即便是已经将一部分文物出手后，王道士还是没有放弃向政府求助的努力。1909年，也就是在他亲手向斯坦因和希伯倒卖大量经卷的第二年，在罗振玉等人跟朝廷催要的购买藏经洞经卷资金被敦煌县政府截留后，王道士甚至以一介贫道之身，直接向朝廷递呈了《催募经款草丹》的请款文书。1910年，清政府迫于各方压力，将藏经洞残余文物运往北京。[1] 然而在去京城的路上，大量经卷丢失损坏，王道士心如刀绞。他在向 1914 年第二次来敦煌的斯坦因诉说当时的愤怒心情时说，早知道那些珍贵经卷落入官府之手遭遇如此悲惨命运，还不如当年将它全部送给斯坦因。

这句王道士对政府官员极度绝望和愤怒的表白，被斯坦因记录在他的《斯坦因西域考古记》里，成了掩盖他强盗和骗子行径的证据。

挖盗楼兰古国后闻风而至的斯坦因刚到敦煌的一段时间，王道士避而不见，试图搪塞过关。可他哪里

❶ 这里揭开了旧中国不重视文化遗存、随意践踏文物的事实，道出了一个具有良知的出家人的无奈。

知道，斯坦因是一只狡猾而贪婪的狼，有的是时间和耐心。① 在苦苦等待两个月后，斯坦因终于从当地官吏那里知道，王圆箓虽然是道教徒，心中的宗教偶像却是玄奘，于是就编造出自己也是玄奘的崇拜者，此次来敦煌，就是沿着玄奘取经的路线进行考察活动的谎言，并在当地官员帮助下，以"布施功德"为名骗取了王道士信任。

❶ 斯坦因苦等了两个月，从侧面体现出一个农民道士力所能及的抵抗和最后的倔强。

我猜想，王道士打开藏经洞，第一次向斯坦因出售自己苦心守护七年时间的经卷文物的时候，手一定在颤抖，心也在狂跳，干瘦的额头还渗出了粒粒冰冷的汗珠，而绝对不会如余秋雨臆想的那样，在得到斯坦因二百两白银之后，王道士像小丑一样向斯坦因鞠躬点头，感恩戴德地送了一程又一程。

也许，和斯坦因最初的交易，是王道士出卖经卷时唯一惶恐不安的一次。交易是在青天白日下进行的，斯坦因手中不仅持有清政府颁发的护照，而且有当地高官陪同，身后还有沙洲营参将派的士兵壮声势。无论从哪个方面看，他们之间的交易，更像大清帝国支持保护下进行的光明正大的外贸生意。王道士内心的恐惧和惊恐，来自他内心的良知。接过斯坦因递来的二百两银子的那一刻，王道士应该是感到一股冰凉的冷气突地一下，从脊梁蹿到了头顶。昏暗中，他感到满洞窟佛祖的目光正紧紧盯视着自己卑微肮脏的内心。

①然而，官府已经让他绝望，他是唯一守护这座石窟寺院的孤家寡人。没有这些碎银，哪里有钱修建三层楼？哪里有资金看护寺庙，为那么多还在坍塌毁坏的佛像塑造金身？

硬着头皮，强压着内心的恐惧和负罪感完成与斯坦因的第一次交易后，王道士混混沌沌，从莫高窟的保护者向人类精神圣殿的戕残者走去，朝着历史罪人和敦煌宝藏的葬送者迅速滑落下去。②接下来，法国人伯希来了，日本人橘瑞超、吉川小一郎，俄罗斯人鄂登堡和美国人华尔纳也来了，偏偏官府收购经卷的资金和官员没有来！王道士精神和情感的堤坝彻底崩溃了。这时的王道士，已经跟那位兢兢业业，守护石窟的出家人判若两人，完全变成一个失去理智的狂人或者自暴自弃的疯子。他不仅习惯了心安理得地跟掠夺者讨价还价，甚至在面对希伯毁坏壁画的时候，已经变得麻木不仁，没有任何反应了。

一车又一车的经卷、文物和壁画切片，经过他手，穿过戈壁荒漠，被运往法国、英国、美国、日本和俄罗斯。喧哗的车队走了，藏经洞变空，莫高窟又恢复了往日的安静，王道士内心却一片空白……

从佛光庄严、飞天曼舞的洞窟出来。③七月的敦煌依然阳光灿烂。那座经过多次维修的道士塔，沐浴在明亮的阳光之下，像一个倒立的惊叹号，木然地伫立

❶ 一个既不给钱又不派人协助的官府和达官权贵，有什么理由对悉心照顾石窟寺院的平民王道士如此苛求？作者连发二问表达出了深深的愤怒之情。

❷ 对于中国的文物，外国人垂涎欲滴，不择手段攫取。而当时的政府却不作为，真令人怒发冲冠。

❸ 王道士是一个贫苦的愚民，他用自己弱小的力量维护了敦煌莫高窟。但是时代的黑暗让一个文物保护者遗忘了初心！

在游人如织的莫高窟入口处，默默诉说着一个既高尚，又卑微，既伟大，又猥琐的灵魂的命运，以及他所处的那个时代的悲哀与伤痛。

离开莫高窟的路上，我碰见一位身穿猩红僧服的老僧人拄着拐杖，佝偻着身子，背着沉重的行囊趔趔趄趄往莫高窟而去。老僧人虽然艰难却执着坚定的步履，又让我想起满身骂名，充满争议的王道士——一个错误的时代，一个错误的机缘，让王圆箓与一座人类文化宝库相遇。① 王道士用他一生大概没有沾过一滴墨迹的双手将莫高窟几近熄灭的文明灯火点燃，又由它迅速熄灭。这到底是王道士个人的悲剧，还是一个民族，或者那个特定时代的悲剧呢？

离开莫高窟的路上，我陷入了久久的深思。

翻阅手头资料，才知道王道士晚景很凄惨。

② 为了躲避 1923 年华尔纳再次盗取莫高窟壁画引起的公愤，风烛残年的王圆箓不得不装疯卖傻，东躲西藏度过余生。王道士死后，他的几位忠实信徒在现在道士塔的位置，为这位个人命运和莫高窟荣辱悲欢紧紧连在一起的师父建造了一座木塔，并撰写了《太清宫大方丈道会司王师法真墓志》的墓志铭。奇怪的是，王道士的墓碑只有立碑者姓名和碑文，却没有碑文撰写者署名。也许是因为为他立碑的信徒也清楚，他们可以在碑文里省去师父后半生犯下的不可饶恕的

❶ 一个小小的王道士，他没有承担保护莫高窟的能力和责任。纯朴的他在官府和军队及洋人护照面前，无能为力。这不是王道士的悲剧，而是那个时代的悲剧。

❷ 王圆箓道士没有错，但良心的不安使得他无地自容；与之形成鲜明对比的是，那些真正的窃贼反居高堂之上大快朵颐。真乃"窃钩者诛，窃国者为诸侯"。

罪孽，但历史即便会记住王道士为莫高窟作出的贡献，
也绝不会饶恕他晚年给莫高窟留下的永远难以愈合的
伤口吧。

延伸思考

1. 文章开篇写"我"与敦煌莫高窟对视四十多年后才敢前去朝拜，有什么作用？

_____

_____

2. 读完文章，你想对王道士说些什么？

_____

_____

秦岭的山

　　秦岭，是神秘的；秦岭的山，是令人向往的。秦岭在中华大地上纵贯东西，分隔南北，历经原始的蒙昧时代，一直延续至今，它体现着中华文明的成长历程。秦岭最著名的山有太白山、终南山、华山等，峰峦雄伟，层峦叠嶂，把无限的风光呈现给人类，把最美的资源奉献给人类，把惊险奇绝奉送给人类，真是仁者乐山，景行行止。

　　如果没有穿越秦岭的经历，我可能到现在都不能把"山"和"岭"的含义，从形而上区分开来。

❶ 秦岭之大，巍然耸立。作者运用比喻的修辞手法，对大秦岭进行了高度的赞美。

　　①2004年夏天，整整60天，我就在横贯中国腹地，绵延1500多公里的秦岭山脉之中行走。从早到晚，我一睁开眼睛就能看到、一抬腿就触摸到、一张口就要谈论的，是矗立在南中国与北中国大地之间，如滔天巨浪般汹涌连绵的崇山峻岭。晚上，无论睡在灯疏夜

深的山间客栈，还是县城里依山傍水的宾馆，一闭上眼睛，白天翻越的那一道道苍苍莽莽的山岭，如具备了形体和精神一般，带着令人激动、亢奋、不安的激情，不容置疑地闯入我的梦境。

于是，那段日子，山的呼吸，山的神韵，山的灵魂，整天整夜笼罩着我，震慑着我，召唤着我。我像一只小小的甲虫，盲目而又神迷情醉地从南到北，从北到南，一趟又一趟沿着山间河谷，在秦岭深处的山岭之间南北穿行。①我甚至习惯了在盛夏如火的烈日下突然改变行走路线，从四轮生风，恨不得一口气逃出高山重围的长途汽车上跳下来，或坐在连一只飞鸟都看不见的山谷，任充满了秦岭山区蓝天和大地的知了的叫声将我淹没；或背着沉重的行囊，一步一步，不紧不慢地在山间行走。

这种时候，秦岭那显得温润柔美的山溪、河流，就在我伸手可及的山谷或湍急，或舒缓地流淌，高高的山岭从前后左右朝我怀中走过来。即便是那一座座在雾霭迷蒙的黎明和黄昏之际，如蹲踞在暗淡的天光下面的怪兽般让人心怀恐惧的奇峰峻岭，这时在我的感觉里，竟是那样令我心旌飞扬。

②在秦岭，到底有多少座山峰，谁也说不上个确切的数字。从陕西凤县的凤州火车站坐车到略阳的路上，我留心过火车隧道口上的山头编号，到略阳还有

❶ 秦岭，历史悠久，文化底蕴深厚，惊艳了世界。作者运用夸张的修辞手法，将自己渴望、急盼的心情刻画得淋漓尽致。

❷ 作者列出具体数字说明秦岭的山峰不计其数，由此可见秦岭之大、秦岭之长。

一个小时路程，山头编号已经到了396。也就是说，成昆铁路从宝鸡大散关进入秦岭，在南下200多公里的路程中，每走不到一公里，就要翻一座山。这样计算起来，从甘肃陇南山地一直延伸到湖北神农架、河南伏牛山的秦岭，到底有多少座山，有多少道岭呢？

我没有统计过。

平时，我们已经习惯了把山和岭当作一回事，用"山岭"一词作为山和岭的通称。然而，① 当我就这样与秦岭相依为伴地度过60多个日日夜夜之后，我才发现原来山和岭就像一棵树上的两片叶子，看似相同，其实是两码事。山是一座一座独立崛起的高峰，许慎对山的解释是"有石而高也"；岭则是由较为平缓的山组成的。如果山和岭没有截然的分野，中国古代那些长于咬文嚼字的文人在创造"翻山越岭"这个词时，为什么说山是需要"翻"的，而岭则可以"越"过呢？

一道道山岭是秦岭高大的身躯，一座座山峰是秦岭高高隆起的脊梁。山与山相连，岭与岭沟通，组成了这座横贯中国腹地，被迷信的中国传统文人称为"中国龙脉"的秦岭。② 走遍秦岭，自西到东排列的峨嵋山、天台山、太白山、华山、终南山、武当山、嵩山……不仅从地质地貌上结构了绵绵秦岭山脉的主体骨架，而且从精神层面上蕴含、开拓、衍生了历史和文化意义上的秦岭。在丹凤时，诗人慧玮和远舟指着

❶ 作者通过对"山"和"岭"含义的不同解释，感叹古人造字的苦心。

❷ 秦岭，是中华龙脉，这不是中国传统文人的迷信，而是五千年中华文明成长、发展的历史见证。

县城后面一座孤零零崛起，泛着铁青色的山峰问我："你看商山像不像一个'商'字？"收住脚步仔细瞅一会儿，我不禁惊讶地喊了一声："那不就是大篆里的商字吗！"后来查县志，《丹凤县志》上说商山之所以叫商山，是因为"形似商字，汤以为国号，郡以为名。"看来尧舜时代把这里建的国家叫商，后人把封邑于商镇的战国时期改革家卫鞅叫商鞅，都是沾了商山的光的。秦人最早居住的天水一带，在秦岭北坡西部余脉的秦岭山地，与西部戎狄相去不远，过去被称为西垂。屈原以为现在被叫作齐寿山的崦嵫山，就是太阳落山的地方：所以便在《离骚》慨叹"吾令羲和弥节兮，望崦嵫而勿迫"。汉阴和紫阳，是一条汉江边上的两只丝瓜，秦岭就势南下之际，在汉江谷地上直愣愣崛起一座凤凰山，一下子就把紫阳县逼到了大巴山下。凤凰山上有座山峰叫毛公山，据说从汉阴县城远远望去，山体酷似毛泽东卧像。汉阴县委宣传部的王涛说，几年前毛泽东的女儿李敏站在汉江岸上，望着那座毛公山，竟潸然泪下。

查阅秦岭资料时，我发现古人对秦岭的评价只有五个字：天下之大阻。

① 秦岭山区几乎所有的县志在描述本县地域时，都使用过"弹丸之区，千岭屏障，万溪襟带，幽林菁谷，最易伏戎，故成为历代兵家用武之地"。为了争夺

❶ 作者采用了引用的修辞手法，突出了秦岭地势的险要和山体的特征，以及秦岭山区军事战略地位的重要性。

天下，刘邦可以在高山峻岭之间明修栈道，暗度陈仓；为了杨贵妃能吃上新鲜荔枝，唐明皇可以差驿马飞牒从子午道上到两千余里外的涪陵运送荔枝。然而对于生活在秦岭山里的老百姓来说，这连绵的山岭，横空出世的山峰，是横亘在他们今世与来生之间的一座高墙。谁想逾越它，就得耗费一生的精力和代价。从老县城出来，在黑河上游峡谷里一个叫沙子梁的地方，

① 跟一位去后畛子探亲的老人说起太白山上的土匪，他说太白山下的黄泥巴梁、活人坪梁、龙草坪、牛背梁，过去都是"大王"出没的地方，从老县城到洋县的华阳镇，如果能活着翻过活人坪梁，就可以长长地舒一口气了。秦岭南坡的陕南和湖北西部，人们至今还处在东山一户、西山两户的散居状态。听说山阳、柞水、镇安交界处的高山上，有几户人家至今还生活在与世隔绝的原始状态。陕西山阳和湖北郧西交界处的漫川关镇邮政支局一个镇的邮路在山岭之间环绕 200 多千米，4 名乡邮员，出一趟班，骑摩托跑，也要花 3 天时间。南郑县牟家坝街上，一位老药工说，当年他跟师父上太白山采药，一来一去，至少要用半个月时间。

② 兀立的山峰给了秦岭高峻伟岸如顶天立地的男人的气质，绵延的山岭让我觉得秦岭就是一位历尽沧桑，满腹经纶的智者。在翻越宁陕与户县之间的秦岭梁，广货街到柞水之间的营盘梁，褒斜古道上的狮子

❶ 作者描述老人讲述的土匪的故事以及翻山越岭的恐怖，说明秦岭山区地势险恶、易守难攻的特点。

❷ 作者采用比喻的修辞手法，以诗一般的语言赞扬了秦岭雄伟奇峻和满腹经纶的特质，字里行间洋溢着深深的赞美之情。

岭、傥骆古道上的兴隆岭的时候，虽然我常常都有一种穿越生死界的恐惧，但一旦与一段仅存于古老的秦岭之中的历史情感相遇，我的内心就会涌起一种莫名的喜悦和振奋。①那些日子，我就是秦岭痴情的追随者，成天都沉醉在那些或高大险峻、或端庄秀丽、或气势磅礴、或险象丛生的峰岭对我的刺激、压迫、召唤、覆盖之中，我一次又一次地怀着惶恐从大山深处逃出来，又一次次迫不及待地急匆匆转身投入峡谷纵横、群山如浪的山岭之中。

在山里待得久了，我对秦岭的山山岭岭竟有了一种依恋、依赖、难以割舍的情感。一旦远离与我日夜相处的山岭，我就感到空虚得难以忍受。只要走进天荒地远的山林之中，我就会精力充沛，激情飞扬。以至于后来到了秦岭北坡的豫西平原和关中平原，我竟像一位热恋中的人，恋恋不舍地一次又一次深入到秦岭腹地，或一个人茫无目的地在山谷里穿行，听满山遍野的知了的鸣叫在山谷轰鸣；或静静地坐在山崖上，看拔地而起的山顶云起云落。

8月26日，即将结束这次秦岭之行的前几天。②忍不住那巍峨的山岭的诱惑，我又一次冒着大雨从蓝田出发，从水陆庵附近进入终南山，沿312国道穿山越岭，朝秦岭深处商洛北部的牧护关、黑龙口而去。云雾在林立的奇峰之间翻滚，公路在幽深的峡谷之中

① 峰是山的眼，岭是山的根。从历史文化的角度，最具代表性的山峰有二十座。山峰和山岭到处是仙都、花屏和福地。作者采用排比的修辞手法，将自己对秦岭的喜爱之情滔滔不绝地表达了出来。

② 终南山东起蓝田，西到宝鸡，千峰叠翠，景色优美，连绵不断，气势磅礴，有"天下第一福地"美誉，难怪作者无法抵御诱惑。

穿行。"佛爷腰""黑光岩"这些听起来都让人胆战心惊的地名，从车窗外闪过，陡峭的峰岭让我再一次沉浸于巨大的惊悸与幸福之中。直到这时我才发现，秦岭的山岭已经成为我感情和灵魂不可分割的部分。愈是深入到秦岭的内心深处，我荒芜的情感就愈益频繁地被那一座座看似沉默，其实无时无刻都涌动着山呼海啸般生命的律动的山岭，唤起一种我此生从来没有过的冲动、战栗、振奋和惊悸——① 我平生第一次发现，在长江与黄河之间，除了人，原来还有一个有血有肉，有过去和未来，有魂魄和精神的庞大群体，那就是紧紧围拢在 1500 公里秦岭山脉之间的大小不一，形状各异的群山峻岭！

① 秦岭之美，还在于如太白山等群山峻岭的旖旎风光。这些无比秀丽的山峰的"母亲"就是秦岭。

延伸思考

1. 秦岭山脉有什么样的特点？

_____

_____

2. 文章结尾表现了作者怎样的思想感情？

_____

_____

第二辑 远古梦幻

　　玉和水的关系有点像血与肉的关系，凡绝世美玉，似乎都是历经流水经年浸泡、冲刷、打磨，才拥有了超凡脱俗的水色和质地。

【2022年北京九年级专题练习】

阅读下面作品，完成1—3题。（9分）

黄河的颜色

①对于中国人来说，每个人生下来最先知道并让人心向往之的大江大河，大抵应该就是黄河和长江了吧？

②这不仅因为在尚不能独自出门远游的童年时代，小学《语文》课本里"不尽长江滚滚来"和"黄河之水天上来"的诗句所激发起的无边幻想，让原本就心怀童稚的少年浮想联翩，还因为从那一刻起，每一位黄皮肤、黑眼睛的中国人都深深地明白了这样一个道理：我们是炎黄之后、黄河长江养育的儿女。

③我第一次近距离看到黄河，是在三十多年前。

④1984年，我乘火车去沈阳，车上拥挤不堪。到了风陵渡，我就试图把自己挪到窗口，想瞅机会看一眼黄河的身影。就在我拼命挪动身子，寻找瞭望窗外的缝隙的时候，突然，车厢里有人惊呼：

"黄河！"

⑤其时，火车已经行驶到郑州黄河铁桥中间。轰隆隆呼啸而过的窗外，夕阳映照下，一片金黄的洪流自北向南涌来，闪耀着金灿灿的光华，在天地之间奔流。

⑥"这就是黄河啊！"

⑦就在我痴痴望着金光灿灿的黄河，心旌飞扬、不能自已时，火车一声长啸，驶过了黄河大桥。窗外的田野、村庄，又陷入冬日的肃杀、灰蒙。

⑧第一次和期待已久的黄河相遇，竟仅如此短短的一瞬间。然而，就是这转瞬即逝的匆忙一瞥，金光闪射的黄河水和车窗外黄河流经华北平原时的浩荡气势，便让我终生难忘。

⑨20世纪90年代，我在兰州看到的黄河却青碧如洗。那次到兰州天色已暮，我投宿的宾馆就在黄河铁桥之侧。第二天早上拉开窗帘，一条清凌凌的河流跃然窗外。河水清澈碧翠，舒缓东流。我有些纳闷：明明就住在黄河边上，眼前哪来这么一条纤尘不染的河流呢？室友告诉我，眼前这条碧水清流就是黄河。他还告诉我，黄河在兰州以上，都清澈如许。面对青翠如玉的黄河水，我竟一时间感动无语——黄河居然有如此温婉可亲的一面。

⑩而最让我震撼的却是在壶口看到的泥沙俱下、跌宕奔突的黄河的力量与气势！

⑪那是2011年秋，我从志丹县返回途中，发现有条公路直通壶口，便情不自禁，一脚油门从陕北高原进入被滚滚南下的黄河劈开一道裂口的秦晋大峡谷。

⑫ 从陕北黄土高原断裂带纵横交织的沟壑环绕而下，闪烁着金色波浪的黄河时隐时现。到了壶口镇，满河流水如凝结在一起的黄金黏液，在秦晋大峡谷深处舒缓南下。傍依只有零星细浪无声翻滚的黄河转过一个弯子，骤然间就有隆隆巨响迎面扑来。顺着震彻峡谷的喧响望去，茫茫水雾从峡谷中央升起。水雾升腾的地方，在西北高原奔走两千多公里的黄河，带着已经与茫茫黄土地融为一体的颜色奔涌而来，那是我们华夏民族最美的肤色。一个巨大的石壶朝天敞开，因两岸层层叠叠的巨石阻拦而顿时变得膂力震天的滚滚黄河，如身披黄金铠甲、冲锋陷阵的威武之师，愈是险要狭窄，就愈奋勇向前，手挽手，肩并肩，全速奔腾，彰显着黄河的坚强，诉说着黄河的执着。飞泻而下的巨浪跌落壶底，似沸汤开壶，激流翻滚，声震如雷。这是力量的交响，是团结的交响，是奋然永进的交响，这是真正的黄河大合唱。

⑬ 那一刻，黄河两岸被一种令人心旌飞扬的金黄色映照着、笼罩着、拥抱着，犹如黄金锻造的宫殿。以至于此后多少年，只要一想起黄河，我耳际就回响起排排巨浪涌入壶口时排山倒海的隆隆巨响，眼前就浮现出壶口瀑布前赴后继、激情绽放的黄金浪花。

⑭ 穿越秦晋大峡谷，我看清了黄河的真实面孔。那是一张饱经沧桑、意志坚定，既热情豪放又温婉可亲的脸。

⑮ 透过这张脸，我看到了整个华夏。

（取材于王若冰同名文章）

1. 作者记叙了自己三次看到黄河的情景,抒写了自己的心情。请你阅读文章,依次概括。（3分）

_____

_____

_____

2. 文中有多处描写黄河的颜色的句子。请你任选一处,体会其表达效果。（3分）

_____

_____

_____

3. 梁衡曾写道,黄河"正像一个人,经了许多磨难便有了自己的个性"。请结合文章内容,写出文中的黄河具有怎样的个性。（3分）

_____

_____

_____

唯有杜康

酒是人类生活司空见惯的饮料。中国的酿酒始祖是杜康，他出生于河南洛阳，善于利用农作物酿酒，造酒业称其为祖师爷，后世尊称其为"酒神"。相传杜康梦见一白发老者告诉其酿酒秘方，次日赶紧起床，经过九天的劳作，终于闻到扑鼻的香气，甘之如饴。因为是用了九天时间制作出来的，就把这种饮料命名为"酒"。为了纪念杜康为人类作出的巨大贡献，后世多用"杜康"这个名字比作酒。

粮食不仅可以维持人的生命，还可以造酒。有了酒这种从五谷杂粮转化而成的液体，不仅可以点燃人类内心贮藏的热情和激情，还可以让人忘记俗世间的

烦恼和忧愁。于是曹孟德一句"何以解忧？唯有杜康"的自问自答，让酒拥有了另一个名字：杜康。

"杜康"最初是一个人。他也是渭河流域出生的远古奇人。是杜康发明了酿酒术。

① 杜康，这位在诗歌尚未出现之前创造出一种能够让人获得诗意和遁入仙境的液体的人，是渭河支流北洛河流域的陕西省白水县人。

这位被古今《白水县志》都收录在册的人物生活的年代是夏代。还有人说，杜康是黄帝时期管理粮食生产的官员。无论如何，我们只能确信杜康生活的年代距离现在已经有 5000 多年。在没有文字记录史前历史的那段时间，我们也只能确信上古传说的真实性。至少，这传说在某种程度上多少也映现了历史真实的影子。

② 渭河上游最早出现的粮食作物叫黍——一种小米，是在距现在 7000 多年的甘肃秦安大地湾遗址发现的。随后，炎帝神农在宝鸡境内渭河南岸清姜河流域品尝百草，半坡人在浐灞三角洲开始种植包括黍在内的多种粮食作物。到了黄帝时代，已经从胞族炎帝神农那里学会并掌握了先进农耕技术的黄帝部族大力发展农耕，有余粮造酒是完全可能的。如果说杜康是夏代人，那么那时候后稷已经在距白水并不遥远的漆水河流域种植出了成片成片的谷子、糜子、大豆、小麦

❶ 作者用最简洁的语言介绍了杜康酿酒历史之长，字里行间洋溢着对中国酿酒始祖杜康的赞美和崇拜之情。

❷ 作者用平实的语言介绍了渭河流域出现的小米、百草、谷物等农作物，为下文杜康酿酒的出现埋下伏笔。

等作物，以粮食为原料酿造供夏桀王和贵族狂饮作乐的酒，更不在话下。

渭河几条大支流中，北洛河几乎所有流域都在黄土台塬和高原区。从蒲城一个叫罕井的镇子往北，地势越升越高。一路上，如巨大漏斗一样敞开、深不见底的沟壑不断出现在公路两侧。①平坦的塬上，小麦已经被收割，玉米挂满了红红的缨子，更多的田地里则结满了苹果。北洛河和向它汇聚而去的众多支流、山间小溪，被隐匿在一眼望不到底部的沟壑深处。这里是渭北黄土沟壑区与陕北黄土高原的交接地带。跌宕起伏的山塬沟壑，让我的心情也在高低错落中一路向北。

不知道杜康那个年代，渭北高原上的天空是不是如此瓦蓝？白水县杜康镇杜康沟的杜康墓面积并不大，遍地荒草中一块难辨年份的石碑后面，青砖围墙里一座依着另一座并不高大的小山包的坟包，就是这位酒神的墓冢。墓冢上面覆盖着无边无际、瓦蓝瓦蓝的天空。

杜康将粮食变为酒，不是有意为之，而是人类文明史上的偶尔创举。

黄帝时期，农业生产已经很发达，所以杜康被任命为管理农业生产的农官。这一年，粮食生产获得千载难遇的好收成，于是如何贮藏粮食，成为杜康必须考虑的一件大事。②苦思冥想之际，一天路过树林，

❶ 黄河流域水源充足，土质多样，物产自然非常丰富，是中华文明的发祥地之一。作为黄河支流的渭河，自然存在物种多样性，为酿酒提供了可能性。

❷ 任何伟大的发明都源自于伟大的实践。杜康是一位有心人，在储存粮食时创造了酒。可见酒是杜康心血和汗水的结晶。

杜康看到一棵大树树干上有一个大洞，里面落满了干枯的树叶。杜康便想，树叶在树洞里没有腐烂，如果把粮食装进去，会不会也不腐烂变质呢？

树叶被掏出来，粮食被放进去了。过一段时间，杜康前来查看，被眼前的景象惊呆了：走进那棵树生长的林间，远远就有一股从没有过的异香飘来。越往那棵树跟前走，奇异诱人的香味就越浓。循着这香味，杜康在树林里寻找这人间从来没有闻过的香味到底从哪里来。不料，那香味竟将杜康引到了那棵他贮藏粮食的树前。杜康定睛一看，树洞里的粮食已经变成半树洞的水，清冽甘醇。弥漫在树林里的异香，就是从这里散发出来。

①好奇和惊讶让杜康用手指蘸了一点儿，放进口中，一种从来没有品尝过的甘醇香甜瞬间在口中弥漫。接着，他又用手掬起树洞里粮食变成的水，畅饮一口，香味愈来愈浓烈，热乎乎的感觉随即渗透全身。那种诱人的异香和火烈的感觉让杜康欲罢不能。很快，华夏大地上诞生的第一掬酒，让第一个品尝到的杜康陷入飘飘欲仙的醉态。

迷醉中醒来，大喜过望的杜康立即将这种由粮食变成的神奇液体带回去，让黄帝品尝，黄帝也被这种神水的甘醇迷醉了，让杜康为这种神奇之水取个名字，杜康沉思片刻说："此水味香而醇，饮而得神，就叫

❶ 作者通过丰富的想象，细致的动作描写，刻画了杜康品尝、畅饮华夏大地诞生的第一掬酒的全过程，生动形象，引人入胜。

酒吧！"

❶ 正是若干次有意的实践量的积累，才最终在无意之中实现了质的飞跃。杜康发明酒的过程就是最有力的佐证之一。

① 从此，一种由固态的粮食转化为液态水的物质——酒，就这样在杜康无意为之之际诞生了。杜康也就成了中国历史上第一个用粮食酿酒的人。

还有一种说法，说杜康又叫少康，是夏代第五位君王相的遗腹子。早年，他用老家白水县杜康镇杜康沟的水酿造了中国最早的粮食酒。

我到那里的时候，没有去杜康沟，也不知道杜康沟现在是不是还有流水。如果有，也应该是流入渭河支流北洛河的。因为在杜康镇南不远处，有一条叫白水的河流，也流入北洛河。

❷ 这是一种对读者、对知识负责任的严谨态度。作者通过严谨的逻辑推理，将上下文意进行一致性验证，从而推翻了后一种说法。

② 如果按照后一种说法，《白水县志》的记载和远古传说之间的矛盾就出现了：一位曾经创造了夏代历史上少有的盛世——少康中兴，而且出生在现在山东德州古鬲国的夏代君王，怎么会千里迢迢跑到陕西白水来酿酒呢？但《白水县志》记载的杜康与夏王少康无关。杜康当年酿酒的地方，在白水县杜康沟。

如果中国最早的粮食酒就是杜康酿造的话，那么无论是他作为黄帝农官无意间创造出了这种至今让人类迷恋不已的美酒，还是杜康用杜康沟杜康泉水酿造出第一滴酒，他所用的粮食，大概也就是在渭河流域诞生的黍或者粟吧？

有了粮食，就可以酿造出美酒；有了酒，人类既可以自我陶醉，也可以以酒祭拜天神和先祖。而成天沉湎于酒色的商代最后一位帝王帝辛，却饮酒误国，将持续近600年的江山拱手送给了周人。① 周人立国之后，饮酒之风不仅在王公贵族之间蔓延，而且根据西周专门设立管理酿酒的酒正、酒人、郁人、浆人、大酋等官职可以断定，西周都城镐京及其诸侯国国都的酿酒业也异常发达。从《诗经》中不少描述当年周人酿酒、饮酒的作品可以看出，西周的酿酒技术已经远非杜康时代可以比拟。西周时期对酿酒器具、水质、火候都有严格要求。那个时候，不仅可以酿造果酒，还有发酵酒。酿酒原料有果子、粮食和香料。周人还根据不同原料酿造出了稻酒、黍酒、高粱酒和麦酒等。那个时候，渭河流域盛产粮食，人们吃饱肚皮已经不是大问题。有了余粮,酿造出可以让人情迷神醉的美酒，也是人类文明向前迈进的标志。

❶ 酒出现之后，不可避免地融入华夏族的生活，成为华夏文明不可分割的重要组成部分，让华夏文明形成了品酒特有的精神内涵。

② 宾之初筵，温温其恭。

其未醉止，威仪反反。

曰既醉止，威仪幡幡。

舍其坐迁，屡舞仙仙。

其未醉止，威仪抑抑。

曰既醉止，威仪怭怭。

是曰既醉，不知其秩。

❷ 本诗出自《诗经》，采用双音词，整齐而富有变化，有很强的节奏感，语气舒缓绵长，庄严肃穆，体现出朝廷庙堂饮酒文化的深厚氛围。

　　这是《诗经·小雅·宾之初筵》描述的周王朝上层贵族饮酒场面：宴会一开始，受邀参加筵席的各位宾客都显得温文尔雅，大家也表现得极其恭敬。尚未喝醉时，人人仪态庄严，举止谨慎。但待到酒过三巡，每个人的本来面目就显出了。刚入席的庄重和矜持不见了。体内燃烧的酒将每个人压抑已久的激情点燃，大家纷纷离开座位，开始翩翩起舞。用粮食和水做成的酒就是这样神奇，没有喝醉的时候，人人仪态严肃，道貌岸然；一旦喝醉，每个人的言行开始变得轻薄而粗鄙起来。那时候，被酒控制了的谦谦君子在酒的迷醉下，只顾抒发个人情感，全然不理会这种庄重聚会场所的规矩了。

　　杜康无意之间的这一创举，其实是一种更接近于诗性和神性的创造。有了酒，寒冷可以被体内燃烧的火一样的液体驱散；有了酒，孤独的人、痛苦的人、哀愁的人、壮怀不已的人，都可以借助酒的温度和热度获得解脱；有了酒，人类才会从醉酒后那种飘飘欲仙的状态中，感受到人性与神性的沟通。

　　杜康之后，就有一种异香从渭河流域弥漫中国大地，让生活在南方与北方的人，都能在一种粮食与水交合产生的酒香里获得精神和灵魂短暂而幸福的解脱。

① 据《白水县志》记载，杜康死于酉日，所以当地人在酉日从不饮酒会客。每年农历正月二十一，人们都要扶老携幼，到杜康庙中赛烹祭祀，怀念酒神杜康。

❶ 凡祭祀者，共酒以往。祭祀是祈愿国家国泰民安的形式，酒是社稷的表达。人们以酒载道，祭奠杜康酒神，是因为他打开了中国酒文化光辉灿烂的篇章。

延伸思考

1. 是谁发明了酿酒术？他是怎么发明的？

_____

_____

2. 酒的出现对人们的意义是什么？请找出文中原句回答。

_____

_____

采薇之歌

名师导读 ▶

薇，属于豆科野豌豆，学名救荒野豌豆，又名大巢菜。采薇的意思是豆苗采了又采，出自《诗经》。《诗经》是中国古代现实主义的第一部诗歌总集。本诗是一曲士兵之歌，以西周王朝对蛮族的战争冲突为创作背景，不是抒发士兵戍守边关的战斗情感，而是描写了战后士兵归来对战争的厌恶之感。作者通过"采薇"这一意象，表达了伯夷叔齐等雅士的铮铮傲骨，歌颂了热爱和平的意愿。

❶ 作者采用拟人的修辞手法，演绎了从一到千、从简单到复杂的力量形成的全过程，以抒情的浪漫笔触，歌颂了团结的伟大力量。

① 一条河流从源头起步，更多河流加入了她的合唱，这河流于是从源头的一泓清泉或者一条涓涓细流的低吟浅唱，便拥有了气势磅礴、一泻千里的勇气和力量。如果说过去的渭河源头，是源自于甘肃渭源县鸟鼠山短促而又经常断流的一线细流的话，那么来自渭源县南部秦岭山区的众多水量充沛、流程绵长的河

流，才是让渭河歌唱与奔流到现在的源泉。这些流程超过20公里的河流有清源河、锹峪河、蒲川河和莲峰河。^①她们来自重峦叠嶂的山区，却将茂密的灌木、丛林和草甸涵养的每一滴流水，通过自己开拓的河道，送进渭河，让她们和更多的水流一起，踏上漫漫旅程。

这些河流的源头，是高山和丛林的世界。有飞鸟、野兽和珍稀植物在那里安家，日复一日度过它们无喜无忧的每一天。^②但在莲峰河源头，有一种野草却从来生长得并不寂寞。它的名字叫薇，或者叫白薇、薇蕨。这种叫作薇的草本植物，是一种山里人常吃的山野菜。由于在3000年前的西周初年，这种野草曾经养活了发誓不食周粟的叔齐和伯夷两位抱节守志的隐士，薇便成了一种具备文化品性的野生植物。

莲峰河发源的莲峰山与首阳山峰峦相连，在古代通称首阳山。那里的山间林地，到处生长着这种薇草。当地人把这种白薇叫作蕨菜，是现代都市人餐桌上钟爱的一种时令山野菜。

偶然吃一次，薇蕨清香可口，是绝好的下酒凉菜。但如果将这种首阳山遍地都有的野菜作为日常充饥的食物，顿顿食用，恐怕是要营养不良的。公元前11世纪末期，为了反抗周人灭纣，叔齐和伯夷拒绝吃周人生产的粮食，以吃薇蕨为生，最终饿死在首阳山。临死前，伯夷、叔齐为我们留下了据说是中国历史上最

❶ 作者采用拟人的修辞手法，赋予这些流程超过20公里的河流以人类的意象特征，表达了团结一心的美好愿望。

❷ 伯夷、叔齐是商朝末年孤竹君的公子。薇是一种草本作物。两者风马牛不相及，因为伯夷、叔齐不吃周朝的粮食而食薇，因此赋予了薇以抱节守志的人文精神。

早有作者个人署名的诗歌作品《采薇》：

采薇采薇，薇亦作止。曰归曰归，岁亦莫止。

靡室靡家，猃狁之故。不遑启居，猃狁之故。

采薇采薇，薇亦柔止。曰归曰归，心亦忧止。

忧心烈烈，载饥载渴。我戍未定，靡使归聘。

采薇采薇，薇亦刚止。曰归曰归，岁亦阳止。

王事靡盬，不遑启处。忧心孔疚，我行不来。

彼尔维何，维常之华。彼路斯何，君子之车。

戎车既驾，四牡业业。岂敢定居，一月三捷。

驾彼四牡，四牡骙骙。君子所依，小人所腓。

四牡翼翼，象弭鱼服。岂不日戒，猃狁孔棘。

❶ 本句是千古名句，写的是一个士兵在战争过后重回家乡看到的景象，具有高度美感。

① 昔我往矣，杨柳依依。今我来思，雨雪霏霏。

行道迟迟，载渴载饥。我心伤悲，莫知我哀。

伯夷和叔齐，分别是商朝诸侯国孤竹国国君的长子和三子。古孤竹国，在现在河北境内。伯夷和叔齐好像天生就是那种追求尽善尽美生活的精神洁癖症患者。他们的父王临终时，指定由叔齐继承国君，叔齐却要让位于伯夷，伯夷更不愿做在商纣统治下违心做事、昧着良心欺压百姓的国君。弟兄俩你推我让，谁也不肯登上父亲空出来的宝座。最后，父亲王位由二弟继任，他俩便跑到东海之滨隐居起来，等待商朝有一位清明之主出现。就在他们渐渐习惯隐遁山林的时候，叔齐和伯夷听说渭河上游周人国君周文王爱贤纳才，政治清明，又跑到周人都邑镐京。那时候的周人，凭借渭河流域肥沃的土地和礼乐治国改革，已经成为商纣时期成长性最强的诸侯大国。① 叔齐和伯夷来到镐京的时候，周文王已经去世。尽管周武王很礼貌地让周公旦迎接了他们，并答应给他们兄弟俩可观的俸禄，但叔齐、伯夷待了一段时间后，觉得西周也不是自己理想中的尧舜之世。

那时候，周人指向荒淫无道、朝政腐败的商纣王的兵戈已经磨得锃亮，只等周武王一声令下，周人的兵车战船即可沿渭河顺流而下，直捣朝歌。公元前1046年，周武王抬着父亲周文王的灵柩从镐京出发，准备赶赴牧野，展开推翻商纣王朝的大决战。② 伯夷、叔齐兄弟却拦住周武王的战马，跪倒在地进谏说："父亲死了不埋葬，却发动起战争，这叫作孝吗？身为商的臣子却要弑杀君主，这叫作仁吗？"

言下之意，你们周人所谓的礼乐治国，全都是骗

❶ 伯夷、叔齐兄弟二人，仁哲大义，诚信礼让，是抱节守志、清正廉明的典范，几千年来一直备受广大人民的推崇。

❷ 伯夷、叔齐兄弟二人为了阻止周武王讨伐商纣苦口婆心劝谏，其言也衷，其情也哀，坚守了自己心中的道义。

人的鬼话！

如果没有谋臣姜尚姜子牙制止，这两位不识时务的贤士，当时就死在了对商纣王充满刻骨仇恨的西周百姓和兵士刀戈下。

我们也不知道周武王直捣朝歌的那些日子叔齐和伯夷在做什么。但商纣王帝辛身死鹿台，西周宣告立国后，叔齐、伯夷这两位原来也对商纣王反感至极的贤士，又感觉到与剪灭商朝的周人一块儿生活是一种羞耻。于是弟兄俩再度出走，到首阳山隐居起来。

叔齐和伯夷，也许是中国历史上最早的隐士之一。但与后来隐士群体主动追求屏弃杂念，不问世俗生活不同，叔齐、伯夷的出走是为了逃避现实。也不知他们到底与西周结下了什么深仇大恨，逃到首阳山的叔齐、伯夷发誓"不食周粟"，也就是不吃西周土地上出产的五谷杂粮，只以首阳山生长的蕨菜为食。

我猜想，叔齐和伯夷在首阳山生活，应该不仅仅以蕨菜为生吧？饿到极点的时候，其他野菜和野果子，可能也是他们充饥的食物。

这天，叔齐和伯夷拖着已经非常虚弱的身体，照常在山林里采摘薇蕨。一位妇女见这两位相貌不凡的男子天天进山采蕨菜吃，却从来不吃一口粮食，感到很奇怪，问是什么缘故。叔齐、伯夷誓死"不食周粟"的缘由，让这位乡下妇女觉得既可笑又无奈，就开玩笑说："两位先生何必如此较真！你们不吃周朝的五谷杂粮，可你们采食的野菜还是生长在周朝土地上呀！"

①叔齐、伯夷认为西周和商朝一样腐败才躲到首阳山采薇为生的消息，很快传到了周武王耳朵里。周武王派一位叫王摩子的大夫到首阳山，请他俩下山，并说武王愿意将王位让给他们。叔齐和伯夷又一次拒绝了周武王邀请。见叔齐、伯夷已经死心塌地地从思想和行为上与西周为敌，王摩子就言辞犀利地质问："两位义士既然不吃西周的五谷粮食，那你们为什么却又隐居在山里，吃西周土地上长出的薇呢？"

乡野村妇和西周大夫不谋而合，叔齐和伯夷恍然醒悟"普天之下莫非王土"。西周已经主宰天下，无论他们逃到哪里，也逃不出西周的疆土。从此以后，兄弟俩连薇蕨也不吃了。七天后，两位志向高迈的贤达之士，就这样饿死在首阳山中。临死前，他们俩还吟唱着《采薇》之歌。

叔齐、伯夷采薇的首阳山，在全国有六座之多。它们分别在甘肃渭源、陕西周至、山西永济、河南偃师、河北迁安和山东昌乐。3000多年前的故事，纠缠于一山一水归属，也许并没有太大意义。尤其是面对叔齐、伯夷不食周粟的气节与忠诚，让这个为维护信念和人格立场不惜舍弃生命的故事流传千古的原因，其实是叔齐、伯夷身上所体现的民族气节和忠义精神。

❶ 周武王姬发是西周王朝的开国君主，被后世尊崇为古代明君。从此段文字可见周武王胸怀之广，格局之大。

如果真的要追究首阳山与叔齐、伯夷的渊源，渭河流域的甘肃渭源首阳山和陕西周至首阳山，从地理和情理上讲也许更接近历史真相。

既然叔齐和伯夷已经逃离在河北迁安的孤竹国，对于原本就怀有高迈志向，又格外重视保全人格的叔齐和伯夷来说，重返逃离之地，就是否定了自己最初的选择，那绝对是伯夷、叔齐自己也难以接受的。而且，既然他们在商朝灭亡前就来到了西周，又在西周建立后逃离西周都城镐京，那么伯夷、叔齐再度渡黄河去山西、河南和山东的可能性又有多大呢？① 再说史书上记载，他们隐居的首阳山连乡野村妇都知道那里是西周土地，而且周武王派的说客又很快到了首阳山，那么叔齐和伯夷隐居的首阳山，必然距离西周都城镐京不怎么遥远。这中间，唯一有可能的地方就在渭河南岸陕西周至首阳山和渭河上游南岸甘肃渭源首阳山之间了。

陕西周至首阳山，在秦岭山脉终南山段区域内。自古及今，终南山就是中国隐士群体的天堂。西周时期，这里已经庙堂林立，各地游仙隐士往来不绝。同时，这里又遥望西周都城镐京，叔齐和伯夷离开镐京，到这里隐居的可能性极大。渭河南岸另一处首阳山——甘肃渭源首阳山，虽然山势没有周至首阳山那么高峻，但西周时期那里尚为西部戎狄占据，地处偏远，也不

❶ 一方水土养一方人。首阳山孕育出了伯夷、叔齐这么伟大的爱国者，当光照千古启迪后人，泽被后世。

失为叔齐、伯夷逃避西周的绝佳去处。

甘肃渭源境内渭河另一支流莲峰河发源地莲峰山和首阳山，九峰环峙，状如莲花。山水环绕的首阳山下，还有两座状如山包的坟堆掩映在松柏之中。这就是渭源首阳双冢，也就是叔齐、伯夷古冢。据说这两座古冢前，唐贞观年间就建有供奉叔齐、伯夷的清圣祠。现在，古冢前还有左宗棠题写的"有商逸民伯夷叔齐之墓"墓碑。

① 对于崇尚高洁人格的叔齐和伯夷来说，也许渭河源头渭源县这座古冢前的一副对联，是最能表露他们心迹的了："满山白薇，味压珍馐鱼肉；两堆黄土，光高日月星辰。"

❶ 知我者谓我心忧，不知我者谓我何求。伯夷、叔齐的拳拳爱国之心，殷殷高洁之志，光照千古，永为后世之人行为修养的光辉典范。

延伸思考

1. 伯夷和叔齐具有怎样的精神品质？

_____

_____

2. 你认可伯夷、叔齐隐居首阳山的做法吗？为什么？

_____

_____

寻访仇池古国

名师导读 ▶

　　仇池古国是一个非常神秘的小国，位于甘肃省陇南四十五公里处的仇池山，相传是魏晋南北朝时期氐族杨氏所建。仇池国分为前后两个部分。前仇池国被前秦所灭，后仇池国被刘宋所灭。时光荏苒，岁月变迁，当年神秘莫测、显赫一时、绝处逢生三百多年的小国仇池已经被淹没在历史的长河之中，剩下的只有眼前这一座仇池山。然而关于仇池古国的文化典籍、文献志书，足以令文人墨客、专家学者心旌摇荡、魂牵梦绕。

一

　　2004 年走秦岭，为了节省时间，直接从陇南山地北部的徽县进入了陕西。① 一年来，每当夜深人静，思绪再次回到一年前秦岭山林里所度过的那些难忘时光时，我的内心就不断回响起一个古老高山王国的名

❶ 作者开宗明义，以文人的思绪回味着神秘的仇池古国，直接切入主题。

字：仇池。

从秦岭归来的日子，我一直都在寻找继续走完横陈在甘肃南部，西汉水和白龙江之间的秦岭西部余脉的机会——在中国历史上群雄割据的南北朝时期，就在这片群山横陈，峡谷交织的山岭之间，先后出现过五个前后相互联系的地方政权：前仇池国、后仇池国、武都国、武兴国、阴平国。这五个国家，都是在以甘肃陇南、陕西汉中和四川西北部为中心的西秦岭山地，开始并完成了它们的帝国之梦的——它的创立者是一个少数民族的一个家族：氐族杨氏。

①到了西和县城，一打听，要到仇池山，还得赶八十公里山路，而且从仇池山下的大桥乡到仇池山顶，道路极为险峻。从地图上看，仇池山在已经很接近武都县的西汉水岸上。对于西秦岭南坡来说，密布在崇山峻岭之间的高山峡谷，几乎都与西汉水一脉相通。

汽车一出西和县城，迎接我们的便是连绵山岭，公路在幽深的峡谷穿行，村庄也愈见稀疏。以陇南山地为中心的西和、徽县、成县一带，是位居世界第二的我国最大铅锌矿带。一年前从凤县坐火车到略阳，沿途的嘉陵江岸边，到处都堆满了等待运输的铅锌矿。据说这一带狂采乱挖中开采了二十多年的铅锌矿，已经几近衰竭。所以一路上，我们只遇到了一辆拉矿石的汽车。

❶ 作者采用平铺直叙的写作方法，刻画了道路的险峻，为故事情节的发展埋下伏笔。

① 传统的生活方式和作息模式，在当今宛如一股清流，使读者的心灵得到宁静。

① 偶尔出现的一两座村庄，都掩映在零乱的树林之下。麦收刚过，村口麦场上，毛驴拉着石碌碡碾场的古老方式，还在这里继续。顺着纵横交织的峡谷愈是往南，村落房舍布局，人们的语言风俗，就愈和西和县城一带相距甚远。

就在我们被植被稀疏、荒凉而寂寞的风景折磨得昏昏欲睡的时候，一口安放在河对岸石崖下的棺材却意外地出现在我们面前。

二

② 风貌的原始，山路的崎岖，峡谷的幽深，石崖下的棺材，无不透露出历史的讯息，给人以历史的厚重感。

② 我最早看见了那口安放在石崖下的棺材。

汽车在经过洛峪乡之后，幽深的峡谷，崎岖的山路，高远的山岭，让我再一次感受到了真实而险峻的秦岭。就在那一刻，河谷一侧一座高隆的石崖下，一口暴露在光天化日下的棺材，赫然出现在了我的面前。

③ 作者用细腻的笔触描写了棺材周围的环境，渲染了一种萧瑟的氛围。

③ 从车上下来，河对岸不远处凹进去的石崖下面，一口巨大的棺材静静停放在那里。零乱的石头、荒芜的野草，在山坡上蔓延。清澈的河水悄无声息地从山谷间流过。棺木上的木头显然是经过了长时间的日晒雨淋，呈现出一种腐烂前的黑色。公路下面的河水里，还浸泡着几块似乎也是破碎的棺材上脱落的木块。

在这之前，曾经听说在陇南的康县宕昌一带，至今还遗留着人死后将尸体装入棺材，然后将棺材置放在路边，几年以后才入土为安的丧葬习俗，当地人称之为"架葬"，或者"厝葬"。与裸露的棺木相遇的那一刻，我的内心突然涌起一阵惊悚——当一个人跌跌绊绊走完一生之后，只有温暖而深厚的大地，才是他最后的家园。然而在西秦岭南坡山区，人们却要让这些苦难的灵魂，死后依然接受风雨打击，这中间到底有什么神秘的缘由呢？

后来一位对地域古老风俗充满兴趣的朋友在介绍那种葬俗时说，他感觉到，这种葬俗有一种历史文化的根性，很可能是古代少数民族葬俗遗风。

在更漫长的历史过程中，陇南一带是氐族和羌族的故园，洛峪乡一带就在氐族杨氏仇池国政权中心区域内。早在公元前 111 年，白马氐族就聚居在洛峪河谷地带，形成了以氐羌族为中心的陇南氐羌社会。前仇池国时代，仇池山是仇池国大本营，与仇池山遥相对应的西和县洛峪河东岸的要庄村，就是仇池国治所。在前后仇池国历史上，洛峪一带一直是氐族杨氏防御作战前哨。

①《诗经·商颂》说："昔有成汤，自彼氐羌，莫敢不来享，莫敢不来王。"可见历史上的氐族和羌族，曾经被看作一脉血统。这支曾经生活在青藏高原的古老民族，大约在母系氏族晚期发生了分流，其中一部分顺秦岭北坡渭河流域进入中原，形成了后来的华夏

❶ 作者引经据典，以证明氐族、羌族是中华民族的一部分的客观事实，具有较强的说服力。

氏族；留在青藏高原的一支，就是现在的藏族；另一支则沿秦岭南坡南下，一直抵达了西南的金沙江流域，这就是现在生活在西南地区的羌族。南下羌人要抵达四川和云南，陇南地区是必经之地。①现在陇南文县白马河流域的白马藏族，就是古代氐族后裔。历史上的羌族，以战死为荣，以病死为辱。《后汉书》里就有"羌人死，燔而扬其灰"的说法。

❶ 作者引用《后汉书》里对羌族丧葬习俗的记载，为架葬的探索和思考提供了重要的史实依据。

那么，这至今遗留在仇池古国一带的"架葬"习俗，是不是创建了古仇池国的古代氐人所遗呢？

从洛峪到喜集，一会儿是高山，一会儿又急急地转入峡谷，道路本来就够险要的了。上了青枫岭，峰岭突然壁起，峡谷更加幽深，环绕在山岭上的公路，就在悬空的山崖上穿行。在从陇南山地一直蔓延到河南伏牛山区的秦岭山区，凡是群山丛生，险途连天之地，必然在历史上曾经留存了大量至今让人揣摸不透的秘密历史。②陕西山阳和湖北上津之间的古代蛮子国、上津古城，神农架深处的上庸古国，都是在与世隔绝的密林深处，保存了它那血与火书写的神秘历史。

❷ 蛮子国是古代国名，约指楚国和南宋；上津古城现为清代城址，上庸古国在西周被楚国所灭。作者列举了历史悠久的古国或古城，为探索仇池古国做了前期的铺垫。

快到大桥乡的时候，公路在刀削斧劈般的山顶盘绕。不远处，就是如一根细线般穿行在崇山峻岭间的古老西汉水；再远一点，四周都是苍苍茫茫的山岭。汽车就在高悬在半空中的悬崖上行驶。这情景，让我又一次想起了去年这个时候，我从山阳去漫川关的情形——那一天，也是这样一个闷热的正午。我乘坐的长途汽车就在这样上不着天，下不着地的山岭幽谷间小心翼翼蛇行。驾车的司机显然是跑惯了这种险道，每遇弯道便鸣号警示。①就是这样，转弯时还是与一辆迎面而来的卡车突然相遇。两辆汽车戛然刹住的时候，客车的半只轮胎已经悬在了崖边。我冒着一身冷汗朝外一看，轮胎下面，就是和这儿一样的万丈深渊。

深山藏险要，也是盗匪强人和偏居一方的诸侯、军阀称雄称王的绝佳处所。

②从西和县城出来的一路上，面对险象环生的峻岭险途。同行的朋友一直谈论的一个问题就是，当年的仇池人，到底是以怎样的耐心和毅力，在大山深处，让自己的政权能够延续 380 年之久的。

三

那天的午饭，是在大桥乡政府对面一家厨房悬在哗哗流淌的西汉水上面的吊脚楼里吃的。③窗外是从遥远的山岭深处而来，还要向更远的深山丛林流去的西汉水；四周是围绕着仇池山奔涌而来的群山，再加上窄小、低矮、零乱而又古朴的小镇，耳边不时飘过的，是一种已经与县城一带很有区别，软绵绵的蜀腔巴调，那顿饭吃得让人至今回味不止。

从魏蜀吴三国争雄的东汉末年，到群雄争霸的南

❶ 作者通过细腻的描写，将崇山峻岭里的奇峻险道、险象环生刻画得淋漓尽致，使人心惊肉跳。

❷ 存在 380 多年，对于一个政权而言，实在是很不简单的事情。作者采用平铺直叙的写作方法，表达了对仇池古国存在如此之久原因的好奇心理。

❸ 有山有水，有古镇有蜀腔，作者采用对比的修辞手法，通过视觉、触觉、听觉，表达了奇妙的惬意的心理感受。

北朝时代，是中国历史上王朝更迭最迅速，英雄好汉最容易凸现个性，施展才华的时代。那时候，中国大地上出现的王朝，实在是太多了。由于地处偏远，又是一个少数民族地方政权，在当时和后世，以中原为中心的正史编纂者，多少年来对曾经和马超一起与曹魏都作过对，又协助前秦皇帝苻坚参与过淝水之战的仇池国历史，竟然避而不载。

然而仇池古国的神秘与神奇，在历史上毕竟留下了不同凡响的声音。

从大桥到仇池山，简易公路在高矗的群山之间沿着西汉水曲折东行。除了西汉水窄狭的河谷，沿途都是那种见首不见尾的山峰。到了仇池山西北角，雄矗高翘的仇池山主峰，如一只雄踞的苍鹰，蹲踞在高远的蓝天下。不舍昼夜的西汉水也变得舒缓、开阔了。紧挨着山脚的山坡上，拥挤着几户人家。河水里，一群十三四岁的山村少女在河里戏水，几位老人坐在路边玩牌。本想步行上山，一位老人却建议我们顺着河再往东走，从新修的公路上开车上山。

① 这里侧面显示了仇池山地势的险要、路途的崎岖，从另一个角度凸显了仇池国的神秘莫测。

① "要爬山，到今天半夜，你们也未必上得了山。"看了看悬在仇池山上的太阳，老人说，"就是我们山里人，要爬到山顶上，也得一天工夫。"

问起这座紧挨着仇池山脚的村子名字，老人说："以前叫尧空巴，现在叫赵尧村。"

尧空巴！

乍一听，怎么都让人觉得有点藏文化味道。

本来，从仇池山再往西南，过了武都、宕昌、白龙江，就可以到达舟曲、迭部藏区。在历史上，这一带与甘南藏区，应该是存在商贸往来，民风相濡的可能的。但在我看来，这个村名，多少还是有些早年建立仇池国的氐族人留下的历史信息。

仇池国的创立者氐族人杨腾，东汉末年生活在当时被称作略阳的甘肃省秦安县。到了建安初年，中原大地上动荡不安的形势，已经波及了天水一带。①早已成为部落大帅的杨腾众多儿子中，个个剽悍强壮，其中杨腾一个叫杨驹的儿子，为了图谋霸业，率领氐族部族，爬山涉水，来到了三面环水，四面陡壁，易守难攻，山顶又有良田百顷的仇池山。

仇池山地处出陇入蜀要塞，退可防守，进可扩张。尤其重要的是，仇池山绝壁临空，不要说是冷兵器时代，就是现代，除了飞机火箭，地面部队要实施进攻，也绝非易事。②杨驹选择固若金汤的仇池山之后，一个以前后仇池国为中心，后来又有武都国、阴平国和武兴国为后续和外延的氐族地方政权，就在陇南山地的崇山峻岭中诞生了。

东汉末年和南北朝时期的军阀混战，曾经埋没了多少英雄豪杰。与氐族杨氏同是秦安老乡的前秦皇帝

❶ 作者用简洁的语言勾勒了仇池山三面环水、易守难攻的地理环境，为仇池国存在380年找到了地利因素，呼应了前文。

❷ 仇池山，四绝孤立，千峰浮动，江河奔涌，峡谷幽深，正是建立政权、功勋立业的绝佳环境，很好地回答了前文作者和朋友的疑虑，照应前文，浑然一体。

苻坚，曾经在短短几十年间横扫中国北部，开创了路不拾遗，夜不闭户，人民富足的太平盛世，①最后还是在淝水一战之后，身首异处，亲手葬送了自己的基业。杨氏氏族却凭借仇池天险，开创了立国时间比唐、宋、清还要长的历史！到了杨腾孙子杨千万时期，仇池杨氏已经拥有千万之众——而当时由于战乱，全中国人口不足两千万。因此，曹操在与刘备争夺汉中时，还专门封杨千万为百顷王。刘备占据汉中之后，曾经出兵支援过当年马超发动的陇右地、羌农民起义的杨千万，再一次审时度势，投奔了镇守阳平关的马超。无论倒向曹魏，还是投奔刘汉，杨氏氏族以其所拥有的实力和占据的战略位置，在当时都是一股不可轻视的政治力量。仇池国的势力，也因此由陇南发展到了四川北部和汉中一带。

过去上仇池山，路若羊肠，有二十四陲，三十六盘。

汽车从河沟村附近的西汉水边朝山顶爬行。迂回曲折的山路悬在半空中，对面的山岭紧贴着蓝天。②一边是望不到头的高山，一边是深不见底的沟壑。路愈高远，山脚下川流不息的西汉水，便愈轻飘地如一根细细的丝线，在阳光下飘忽不定。

氏族杨氏真正以一个国家形态出现在中国历史舞台，是在公元 296 年。这一年，杨茂搜率四千户氐人部落再次返回仇池，建立了仇池国。这就是真正意义

❶ 苻坚拥有百万大军，淝水一战，却基业尽毁。作者运用对比的修辞手法，突出了仇池山地理环境对仇池国政权存在的重要性。

❷ 作者以夸张的笔触再次描写了仇池山地势的险要，既呼应了前文，又很好地解释了仇池古国存在 380 多年的必然性。

上的前仇池国。此后，氐人建立的仇池国，也随着中原大地政治大潮历经多次大起大落。在战乱频繁之际，连前秦皇帝苻坚、北魏主拓跋焘，都纷纷将自己的女儿和公子远嫁仇池，寻求政治联姻。然而一旦中原安定，仇池国便在重兵压境之时，频遭血光火海戕残。
① 到了公元 442 年，后仇池国被南朝刘宋所灭之后，杨茂搜后裔先后又在武都建立了武都国、在陕西略阳建立了武兴国、在文县建立了阴平国。公元 580 年，离开仇池山之后流落在西秦岭南坡的杨氏氐族最后一个政权——阴平国被北周所灭之后，这个在群山环绕中存活了 380 年之久的少数民族政权，便被日复一日的滚滚尘埃，深深地埋没在时光的残骸下面，成了至今让史学家玩味不透的永久的秘密……

❶ 乱世中建立。盛世时被灭，这就是仇池国的宿命吧，引人无限唏嘘。

四

高山上的太阳没有阴影。

上山之际的惊恐，终于被仇池山顶上平坦安静的千亩良田上一派男耕女织的田园风光所代替。东、南、北三面被西汉水和洛水紧紧环绕，西面是悬崖万仞的仇池山上，碧绿的玉米在山坡上摇曳，刚刚收割的麦田在阳光下泛着金灿灿的光芒。散落在平坦的田野中间的村庄，被一堆一堆的大树簇拥着。几头耕牛在山坡上吃草，路旁院落里，小鸡在欢叫；村头麦场上，古老的桯柳还在伴随村民打麦扬场；路边水渠，清流潺潺……一切都是如此安静，就像陶渊明时代的一首田园诗，让人迷恋，令人回味咀嚼。

上有平田百顷，煮土成盐，因以百顷为号。

山上丰水源，所谓清泉涌沸，润气上流者也。

这是《水经注》对当年仇池山的描述。

如果不是曾经阅读过历史，如果不是刚刚攀登了险象环生的绝壁险途，有谁会相信，这里就是那个前后经历了将近四百年血与火洗礼的仇池古国都城呢！

和几个碾场的村民相聊时才知道，仇池山山顶方圆二十多平方公里，到现在还有一千多亩可以耕种的土地。山上上马、下马、庵房、河沟四个自然村，七八百人口组成了仇池村。说起煮土为盐的事，一位年岁稍长一些的中年人说："那都是哪一辈子的事了？"

然而在一千多年以前，这应该是仇池国最基本的生存依据之一了。千余亩良田、史书上记载遍布山上的九十九眼泉水，^①再加上必要的给养补给，在仇池国最鼎盛的时候，这山上驻扎的上万人守卫部队，基本生活必需品，大体上是可以自给自足的。

在当年曾经旌旗如云的仇池山上徜徉之际，我想如果没有这片平坦肥沃的良田，仅仅有高绝险峻的自

① 兵马未动，粮草先行，这是行军打仗的最起码的要求。作者从水、给养补给等生存必需品角度分析了仇池国存在的合理性。

然天险，仇池国肯定是不可能延续那么长的历史的。

①除了伏羲崖上一座道观，以及前些年甘肃省人民政府立起的"仇池古国遗址"的标志，已经找不到一丝当年留下的痕迹了：没有想象中的残垣断壁、没有宫殿遗迹、没有官署衙门的残骸、没有都城城墙残迹……甚至连一片残碎的瓦砾也没有！

通往伏羲崖的路边，一位老人从院子里走出来。我想探寻一点当年氐族杨氏的消息，老人的回答还是令人失望——老人说自己祖上就住在这里，但这村子里现在已经没有杨姓人家了。

也难怪，据史书记载，"氐氏于平地立官室果园仓库，无贵贱皆为板屋土墙。"可见，当年的仇池王国应该是处在一种既无巍峨宫殿，也没有高低贵贱的等级制度的社会形态之中，这也许是它之所以能够号召千万之众，持续近四百年之久的原因之一吧？至于在别的都城里都能看到的高墙城堡，在原本就是一座巨大防御工事的仇池山，根本就是多余之物。②到了仇池国后期，父子相残、兄弟为仇，以及盲目地向外扩张，再加上天下归一的大势，使杨氏政权终于走上了末路。在各种势力压迫下，王公贵族不断在陇南、陕西略阳和川北地区四处流亡，寻找安身之地的杨氏家族，已经无法挽回当年一呼百应的王者气象了。

一个在中国历史的血管里留下它神秘、神奇印痕

① 不是大漠戈壁，长河落日，这里是四面环水、易守难攻的仇池山，一切惨遭毁灭，被连根铲除、片甲不留，由此可见当年战争有多残酷！

② 要想让其灭亡，必先使其疯狂。仇池这样一个弹丸之国，野心膨胀，手足相残，终致国家不保、灰飞烟灭。

81

的民族，随着一个王朝的消失，就这样神秘地消失在了华夏大地之上！曾经轰轰烈烈，撼天动地的氐族杨氏政权的兴衰，也把一段迷雾紧锁的神奇历史，留给了后人。

直到近些年，才有学者说，现在生活在川西九寨沟附近的白马藏人，原本就是当年创立了仇池国的氐族人后裔。

延伸思考

1. 仇池国的杨氏政权是怎样走向末路的？

_____

_____

2. 仇池国能够在历史上存在将近 400 年的原因是什么？

_____

_____

大吕之音

名师导读

　　大吕之音出自《周礼·春官·大司乐》："乃奏黄钟，歌大吕，舞云门，以祀天神。"大吕之音是六阴律的第一律，属于变音打击乐器，发音类似钟声，音乐庄严、正大、高妙、和谐，清脆悦耳、延音持久，它具有浓郁的东方色彩，是中华文明之音，中华民族之音。

　　① 中国历史上成名最早的音乐人是两位刺客：荆轲和高渐离。他们一个歌唱得悲壮苍凉，催人落泪；一个击筑本领高超，连秦始皇都沉醉于他摄魂夺魄的演奏中，差点儿丧了身家性命。

　　荆轲刺秦王的故事，发生在秦统一六国六年前的公元前227年。荆轲、高渐离两位壮士诀别之际，荆轲高歌一曲"风萧萧兮易水寒，壮士一去兮不复还"，高渐离也击筑为好友送别。史书上详细记载了两位壮

❶ 这两位岂止是刺客，更是中华历史上大名鼎鼎的义士。他们演奏的正乐，充满了为人间大义发声的爱国情怀，千百年来经久不衰。

士将一前一后赶赴咸阳宫实施刺杀秦王使命之际，荆轲的演唱和高渐离的演奏如何由凄婉忧伤，转向高亢激昂的全过程。荆轲即兴演唱的，是我们所熟知的那首《易水歌》。①《易水歌》歌词全文只有四句："风萧萧兮易水寒，壮士一去兮不复还；探虎穴兮入蛟宫，仰天呼气兮成白虹。"我们不知道那天高渐离为荆轲击筑送行的曲子到底叫什么。但荆轲为后世留下了一首慷慨悲壮的壮士之曲，高渐离在咸阳宫里曲曲都让秦始皇陶醉痴迷的演奏，让我们至今还能隐约感觉到，两千多年前，有一种叫作筑的弦乐竟那么美妙动人！

②史书上对高渐离在咸阳宫空前绝后的演奏的记述，多少让人有些难以理解：高渐离在咸阳宫击筑博得秦王信任后，为刺杀秦王，在筑的腹腔里装进去二十多公斤的铅块，竟然没有影响筑的演奏效果——这怎么说也有些不符合科学与逻辑。这种叫作筑的乐器后来失传了，尽管前些年考古工作者在长沙河西西汉王后渔阳墓中发现了筑的实物，但已经没有多少人懂得它的演奏技巧。

不过，另一种中国最为古老的乐器，不仅在距今六七千年前就已经在渭河流域诞生，而且它的演奏方式从古到今，从来没有失传。这就是在渭河流域秦安大地湾遗址和西安半坡遗址都出土过，可以演奏出一种低沉悠扬的天籁的原始乐器：埙。

❶《易水歌》，又名《渡易水歌》，是荆轲在易水与丹饯别之前所作的一首辞。该辞渲染了苍凉悲壮的肃杀气氛，表现荆轲大义赴死的大无畏精神。全辞简洁、直白，令人动容。

❷设疑激趣。今人对两千四百多年前高渐离空前绝后的演奏的确难以理解，其实更难理解的是高渐离大义赴死内心的最强音，这是中华文明的最强音。

①埙，是早年生活在渭河流域、泾河流域的天水、平凉和关中一带的乡村孩子人人都可以用一坨泥巴制作并吹奏的乐器。在古代，最初的埙仅仅用于祭祀祖先和鬼神的仪式，后来渐渐成为原始先民自娱自乐的普及性乐器。随着演奏技巧发展，这种在天水乡村又被叫作"哇呜"的吹奏乐器，甚至登上大雅之堂，成为历代宫廷音乐演奏必不可少的乐器。

既然有了可以演奏的乐器，就必然要有可供埙一类乐器演奏的乐曲吧？尽管大地湾、半坡时代，文字尚在孕育之中，人类还不曾给我们留下类似乐谱之类记录演奏曲调的工具，②但从极有可能就是神话意义上大地湾人和半坡时期华夏先民先祖的伏羲、女娲传说记载中我们可以知道，六七千年前生活在渭河流域的原始先民，不仅有了可以吹奏的埙，伏羲还为我们制造出了最早的弦乐演奏乐器——琴和瑟。

远古音乐和歌舞，诞生于原始人类驱鬼敬神的祭祀仪式。渭河上游的武山县，在古代曾是氐、羌、吐蕃、匈奴与汉民族长期纷争纠结的地方。那里流传的一种旋鼓舞，其实就是过去居住在渭河上游的西部牧羊人羌族祭祀神灵时表演的舞蹈。也许是当时羌族的文明程度只能达到那种地步，③旋鼓舞使用的唯一一种伴奏器乐，就是用羊皮做的状如扇子的羊皮鼓。表演者一边击鼓，一边舞蹈，并随强劲有力的鼓声和脚

❶ 作者用平实之语言介绍了埙的普通。埙制作简易，与先民劳动有关，音质古朴抱素，如泣如诉，悠长绵久，回味无穷，体现了中华民族的智慧。

❷ 埙、琴、瑟，这是多么伟大的发明和创造！先民在勤劳的实践过程中创造出了伟大的乐器，培养了中华民族的情操，熏陶了五千年中华文明。

❸ 作者运用了比喻的修辞手法，将古代渭河上游羌族祭祀天地、神灵先祖的场面刻画得淋漓尽致，惟妙惟肖，令人身临其境。

步发出"嗨嗨"和"呜呜"的呼喊。这遒劲苍凉的呼喊，也许就是古代羌人献给天地、神灵先祖的祝词和祈祷。

黄帝集歌、舞、乐于一体的大型乐舞《云门》，也是为祭祀部族图腾而创作。黄帝制作《云门》的时候，黄帝部族的图腾还是云，而黄帝从渭河流域抵达黄河中下游的时候，黄帝部族的图腾已经发展成了龙。如此说来，制作《云门》的时候，黄帝统领的部族有可能还生活在渭河流域。

舜帝时期出现的《韶乐》，大概是中国古代最成熟的交响乐吧？要不然，周武王剪灭商纣后在镐京举行宣布西周诞生的开国大典上，怎么会选择演奏《韶乐》为这次空前庄重盛大的仪式壮声呢？后来，在渭河平原立国的秦汉两朝，还将《韶乐》列入庙堂之乐之首，成为中国历史上流传时间最长、传播范围最广的仪式音乐。

《韶乐》发展到春秋时期，已经成为一种集诗、乐、舞为一体的综合性表演艺术，其演奏与表演方式不仅场面宏大，气势恢宏，而且应该是具有震人心魄的艺术魅力的。否则，当年孔子在齐国听了《韶乐》后，怎么会发出"不图为乐之至于斯也"的感叹呢？被《韶乐》征服后，孔子甚至还扎扎实实学习研究过一段时间《韶乐》。[①] 司马迁在《史记·孔子世家》里记述孔子学习《韶乐》的专注程度时，用了这样一句话来描写孔子情醉神迷的状态："学之，三月不知肉味。"

❶ 在《竹书纪年》《世纪》等古代书籍中都有关于《韶乐》的记载。作者引用司马迁描写孔子的状态，寓示《韶乐》在歌颂德行、增强表现力方面不愧为中华第一乐章，享有至尊至隆的地位。

西周，是中国礼乐制度诞生并达到辉煌极致的时代。西周礼乐既是一种等级制度，也是一种统治人、教化人的方式。[1] 西周礼乐制度十分烦琐，王室出行、祭祀、外交往来，需要演奏相应级别的音乐；庶民百姓婚丧嫁娶，大夫士人社交宴饮，也要演奏与其身份、场合相匹配的音乐。西周王室甚至还专门为后宫嫔妃宴饮时制订了房中乐，供王宫嫔妃在宴席上演唱。

由此可见，公元前 10 世纪前后，位于渭河支流沣河岸上的镐京城里王宫街坊，几乎天天都有各种规格的音乐演奏仪式。鼎盛时期的西周王宫，仅随时准备为王室各种仪式演奏音乐的乐师，就有一千四百多位。这些乐师不仅演奏，还进行音乐研究，让西周成为中国古代音乐艺术高度发达与普及的时代。当时的音乐研究者和演奏者，已经提出了五声八音的音乐理论。五声就是音阶，即宫、商、角、徵、羽；八音也就是演奏用的乐器，它们有埙、笙、鼓、管、弦、磬、钟、柷八种。[2] 周王室每年都要举行的天地之祭、山川之祭、先祖之祭，以及内务外交仪式、各种庆典活动，这些乐师便倾巢出动，神情庄严地演奏规定曲目。这种场合演奏的，一般都是大型乐舞，要么肃穆庄重，要么舒缓清越，而且有多种乐器同时演奏，几乎相当于后来的交响乐。至于西周民间歌舞之风的盛况，我们从西周建立采风制度，组织人员专门从民间搜集流行于

1 礼乐已经渗透到所有人的日常生活之中，影响着人们的方方面面，陶冶着人们的情操和德行，中国是礼仪之邦可谓实至名归。

2 作者运用了想象的修辞手法，将周王室敬天地、山川、先祖的隆重规制和大型交响乐进行了想象，让人仿佛身临其境。

各地的民歌,并在后来经孔子整理编成的《诗经》的《风》里就可以略知一二。

西汉时期的长安城,已经初显一座即将对世界文明格局产生重大影响的东方大都市端倪。① 在西汉政治、经济和文化文明种子破土发芽之际,进一步繁荣并迅速发展的音乐艺术,也成为西汉社会走向全面文明的重要标志。长安城里不仅设有专门负责搜集民歌,然后谱曲演唱的音乐管理机构——乐府,还有专门负责为皇室郊祭及宗庙祭祀活动创作、演奏音乐的太乐。刘邦做了汉高祖后衣锦还乡,在江苏沛县祭祀老祖宗时,还让太乐给他的《大风歌》谱了曲子,在祖庙演唱。

《大风歌》是公元前 196 年刘邦平定黥布反叛,凯旋时路过老家,在沛县设宴款待早年故交时的即兴之作。那次,刘邦演唱《大风歌》时,也是自己击筑而歌。② 在自己儿时玩伴和亲朋好友面前,已经做了六年皇帝的刘邦被自己意想不到的成功深深陶醉,他要借此机会向曾经看不起自己的故交展示与众不同的情怀,所以几杯酒下肚,刘邦一边击筑,一边不无炫耀地唱道:

大风起兮云飞扬,威加海内兮归故乡,
安得猛士兮守四方。

❶ 运用了比喻的修辞手法,写出了西汉时期音乐艺术的进步和发展,作为中国人的自豪之情油然而生。

❷ 刘邦尽管贵为皇帝,也未能免俗,同样有衣锦还乡的愿望。一曲《大风歌》,歌以言志,歌以抒情,美好的歌声把刘邦的豪迈情怀表达得淋漓尽致。

对于起事之前，职务只相当于现在一个乡长的刘邦来说，能写出这样气势豪迈的诗歌，已经很不容易了。想想高朋满座、酒酣耳热之际，一个过去既不好读书，又在经商务农上无一技之长，只管辖十里之地的小小亭长从老家走出多年后竟成了万民伏拜的皇帝，世事沉浮，实在让人难以预料！① 在座的亲友故交里，肯定有人也闪过这样的念头：人不可貌相，海水不可斗量。刘邦在众人面前悠然自得、满面微酡、双目微闭、摇头晃脑演唱的样子，也一定很滑稽可笑。

现在到西安的游客，去大唐芙蓉园观看《大唐乐舞》，已成为当代人梦回唐朝的一种方式。但在盛唐时期，那种融合了周边少数民族音乐、历代汉族音乐、佛教和道教宗教音乐的大唐之乐，是长安城皇亲贵胄、文人雅士、庶民百姓和来自大食、波斯、龟兹等西域使臣，聚集在长安的日本、朝鲜留学生随便走进街坊里巷，都可以享受的娱乐消费。② 盛唐开放包容的对外政策及其文化的世界性影响，让不少国外知识阶层对大唐趋之若鹜。这些来自西域和亚洲各地的外国人进入大唐后，也将本国音乐和舞蹈带到了大唐。箜篌、琵琶、笙、笛、觱篥、铜钹等西域乐器，正是这时登上大唐盛世各种场合的演奏舞台。胡人胡姬的涌入，不仅让遍布长安城各个角落的歌楼酒肆响彻着充满异域风情的胡乐胡声，长安城里还出现了皇亲国

❶ 刘邦是一个凭借胆识、能力闯荡天下成就一番事业的霸主。作者运用了神态描写的方法，刻画出刘邦功成名就、事业兴旺后唱歌并志得意满的神态。

❷ 大唐国力强盛，文化繁荣。来自世界各地的客人进入大唐，丰富了大唐音乐的内容和表现形式，客观上反映了大唐开放、包容、兼收并蓄的特点。

戚、庶民百姓、富商名门争相学习胡舞的盛况："天宝季年时欲变，臣妾人人学圜转，中有太真外禄山，二人最道能胡旋。"（白居易《胡旋女》）① 来自西域各国的胡旋舞、胡腾舞、柘枝舞、乞寒舞、狮子舞、钵头舞等异族歌舞，流行长安大街小巷。长安城外州府县衙也上行下效，设有专门的音乐管理机构，组织演出民间音乐、散乐和百戏。据统计，当时仅服务于唐代政府音乐机构的乐工，就超过了万人。这还不包括豢养在官宦人家的家伎、服务于官署的官伎和流行于民间的各种乐伎。几乎在整个大唐盛世，各种身份的歌伎、舞伎，沉迷歌楼酒肆的文人雅士，歌舞升平的宫廷乐师，以及流浪街头的民间艺人，在以长安为中心的大唐各地，用不同乐器、不同声部、不同语言和唱腔，共同演绎着宣示大唐盛世繁华至极胜景的大唐乐舞。

❶ 音乐和舞蹈是分不开的，舞蹈借助音乐更能打动人心。从音乐管理机构的设立可以看出当时的大唐真是经济富庶、歌舞升平的人间天堂。

❷ 《琵琶行》是白居易流传至今最著名的诗歌之一，经久不衰。白居易从琵琶音律就能听出此女来自京都，听出琵琶女的悲惨身世。音乐的意义实在伟大。

② 元和十年，予左迁九江郡司马。明年秋，送客湓浦口，闻舟中夜弹琵琶者。听其音，铮铮然有京都声。问其人，本长安倡女，尝学琵琶于穆、曹二善才。年长色衰，委身为贾人妇。遂命酒，使快弹数曲。曲罢悯然，自叙少小时欢乐事，今漂沦憔悴，转徙于江湖间。予出官二年，恬然自安，感斯人言，

是夕始觉有迁谪意。因为长句，歌以赠之，凡六百一十六言。命曰《琵琶行》。

这是白居易为《琵琶行》写的序言。

在唐代，诗人和歌伎之间几乎形成了无法割舍的唱和情缘。特别是中唐以后，享乐淫逸之风日盛，不仅士大夫阶层养伎狎伎，歌舞享乐，出入歌楼酒肆饮酒吟诗，各种层次的歌楼传唱当红诗人的诗作，几乎是盛唐诗坛和娱乐消费界的一种时尚。① 诗人与歌伎的交往，不仅丰富了盛唐音乐的演唱内容，也让唐诗成为当时最能代表盛唐繁荣景象的文化景观。

一座文化高峰的崛起，必然与时代当权者的倡导有密切关系。盛唐音乐达到登峰造极的繁荣巅峰，与宗教音乐的盛行也有密切关联。唐太宗不是一位佛学爱好者，却鼎力支持佛教传播。玄奘法师剃度之日，唐太宗为玄奘举行了盛大的剃度仪式。仪式上，由太常卿率太常寺的九部乐，万年县令和长安县令各率"县内音声"分乘一千五百多辆"音声车"，随玄奘、各寺院僧侣、文武百官前往大慈恩寺。一路上乐声震天，盛况空前。到了大慈恩寺，还演出了九部乐、大曲《破阵乐》和各种民间杂耍。

② 正在西安大唐芙蓉园上演的《霓裳羽衣舞》，到底能不能复原大唐盛世辉煌典雅、泱泱大国的景象，

❶ 音乐不仅能歌以咏志，痛诉人间疾苦，也是陶冶情操、会友的重要方式，更是大唐文化繁荣的重要标志。

❷ 《霓裳羽衣舞》相传为音乐才子唐玄宗所作，旋律柔美，感情细腻，是盛唐歌舞的集大成者，刻画了仙乐飘飘、舞姿婀娜的场景，一幅轻歌曼舞的情景宛在眼前。

我没有看过，没有发言权。但单凭这支曲子的素材取自唐玄宗梦游月宫，贵妃娘娘杨玉环执刀编舞，就足以看出大唐之音的绮丽迷人。

当然，盛唐名曲里还有张若虚的《春江花月夜》。那是另一种风格。

延伸思考

1. 西周礼乐制度的烦琐体现在哪里？

2. 刘邦演唱的《大风歌》"大风起兮云飞扬，威加海内兮归故乡，安得猛士兮守四方"表达了怎样的思想情感？

君子如玉

　　君子是对人格高尚者的尊称。中华文化里不乏对君子的赞美，如"谦谦君子""君子之交淡如水""君子以自强不息""君子以厚德载物""君子之德风""君子之德比于玉"等。自古以来人们特别尊崇玉，经常用玉比喻美好的事物。君子如玉，意思是君子的德行、人格就像温润的玉一样外带恭顺，内具坚韧，光华内敛，温润宜人。

---

　　① 发源于秦岭深处的河流，是选择渭河流向黄河，还是选择嘉陵江或汉江投入长江，只是一念之间的事。所以在从甘肃渭源县到陕西华阴之间的秦岭主脊，有许多分水岭。同一座山岭南北两侧流出的水流，虽然距离不过咫尺，却分属长江、黄河两大流域。从公王岭后面玉川山流下来的众多小溪在九间房汇集之后，向东、向南汇入灞河，从白鹿原脚下流过继续向北，

❶ 秦岭是中华民族的龙脉，是王气所在。作者运用了拟人的修辞手法，强调了秦岭对于我国中部生态安全的重要地位，为引出本文主旨埋下伏笔。

就进入了渭河。公王岭、玉川山是终南山核心地带，从这里流出的河流小溪如果稍稍扭身朝南，转过几座高耸的山岭，就可以到达南方的丹江——汉江流域。

玉和水的关系有点像血与肉的关系，凡绝世美玉，似乎都是历经流水经年浸泡、冲刷、打磨，才拥有了超凡脱俗的水色和质地。公王岭附近灞河源头的蓝溪河，是唐代盛产蓝田美玉的地方。

最早知道一种美玉叫蓝田玉，是在中学时代老师讲李贺诗歌《老夫采玉歌》的时候。读着"采玉采玉须水碧，琢作步摇徒好色。老夫饥寒龙为愁，蓝溪水气无清白。夜雨冈头食蓁子，杜鹃口血老夫泪。蓝溪之水厌生人，身死千年恨溪水"的句子，听着老师当年充满阶级仇、血泪恨的解读，在不知道蓝田玉到底是什么样子的情况下，年幼无知的我竟对那种被老一辈人传得神乎其神的美玉有了一种原来也是罪恶与剥削象征的印象。直到后来，又读到屈原《九章·涉江》"登昆仑兮食玉英，与天地兮同寿，与日月兮同光"的句子，才又知道在几千年中国传统文化中，玉是一种纯洁高尚人格的象征。守身如玉，品德高洁如玉的人，才配得上"君子"称谓。

渭河流域并不是美玉盛产区。除了灞河上游的蓝田，在天水武山、清水境内渭河支流的山崖河床上，也出产一种制作夜光杯的鸳鸯玉和另一种只能琢磨观赏的庞公玉。较之又叫庞公石的庞公玉，武山鸳鸯玉的水色质地似乎更接近玉。① 但如果从古人对美玉的要求来看，现在制作出大量夜光杯的鸳鸯玉，也尚处在从一种特殊的石头朝玉石蜕化的过程，还不能算作纯粹的美玉。因此，也许只有出产于灞河上游的蓝田玉，才是渭河流域土生土长的美玉。

渭河流域不是美玉的富产区，却是中国玉文化的肇始地。

从西安市高陵区船张村泾河与渭河相汇的泾渭分明处，溯泾河而上的泾河上游地区，在距今五六千年前，是我国昆仑神话体系中西方女神西王母的统治区域。也许是这位既生得雍容华贵，端庄美丽，又被描述成豹尾虎齿、半兽半人的西王母国首领在遥远的昆仑山居住期间，首先发现了昆仑山一带遍地皆是的这种后来被人称作"玉"的奇石的迷人风韵，并将其作为珍贵礼品馈赠给她尊贵的客人，西王母也成了中国玉文化的创始人。

距今 4600 多年前，黄帝与蚩尤在涿鹿的战争打得难解难分之际，西王母派九天玄女骑着白鹿为黄帝献上地图，让黄帝有了战胜蚩尤的法宝。黄帝统一炎黄部落之后，西王母甚至亲自乘白鹿为黄帝献上玉环。这是我国古代文献上对玉石作为礼品赠予的最初记载。此后，帝舜、帝尧，以及曾经与西王母有过一场很是暧昧的恋情的周穆王，都接受过西王母国首领西王母

❶《诗》云："言念君子，温其如玉，故君子贵之也。"古人对美玉有较高的评判标准，温润而泽不仅指玉表面潮湿，而且还包括透光性、质地细腻、纹理清晰。

① 玉制品在神话传说中常常作为礼物赠予别人，侧面说明了它在古人心中的重要地位。

送来的玉器。① 其中帝舜接受过西王母拜见时敬献的五块白玉环，帝尧也在帝舜九年收到过前来朝贺的西王母献的白环玉玦。那时候，西王母赠送给华夏远古帝王的玉器，包括我们后来才认识的玉佩、玉玦、玉环、玉瑁，质地都为纯洁的白色。到了周穆王时期，已经接受了玉石作为敬献尊贵客人贵重礼品习俗的周穆王，在那次与西王母产生过一段浪漫恋情故事的西行游历过程中，拜见西王母时带给西王母的见面礼物，就包括白玉雕琢的白圭玄璧。

在西王母将玉作为友谊和感情象征之前，生活在渭河流域的远古先民也发现了这种温润如水的奇石与众不同。所以在渭水上游的大地湾遗址和渭河中下游的半坡遗址，我们不仅发现了大地湾人和半坡人用玉石制作的玉凿、玉锛一类的生产工具，还有远古人在发现玉石美丽迷人品质之后所制作的玉坠、玉环、玉笄之类的装饰器和祭祀鬼神、先祖时使用的权杖头、璧等玉制礼器。后来的黄帝时代，玉石甚至还曾经被作为作战用的兵器，为黄帝统一炎黄部落立下过汗马之功。

远古时代，人类虽然已经发现了玉的审美价值，但将这种并不具备多少使用价值的石头上升到文化层面上，还有漫长的道路要走。

② 巫师是原始宗教里的专业神职人员，可以说巫师是形成玉器崇拜文化的关键人物。

② 最早让玉这种不同一般的石头具备了文化意味的，是远古时代的巫师。由于玉的美丽、坚硬和珍贵，

巫师们赋予玉石以沟通神界与人界之间的通灵意义，并在祭祀天地鬼神和先祖的时候敬献给让他们敬谢不敏的神灵，祈求获得与天地鬼神灵魂上的沟通。既然这种石头有如此神圣神秘的力量，人们在祭祀活动中不仅将美玉献给天地鬼神，还将其作为乐器敲打，跟随玉石发出的声音舞蹈，祈求获得天神保佑。① 后来，又有人将其琢磨成精致的饰品——护身符，佩戴在身上辟鬼驱邪，死后陪葬在墓葬里，作为沟通死者和生者的纽带。

这是远古时代人们对具有灵性的玉石最初的认识，即灵玉时代。

既然玉石天生丽质，洁白无瑕，且贵有灵性，在经历了远古时代人类的自然崇拜、西王母再三赠予上古贤明帝王之后，将玉石的品格与人的精神世界相结合，走向玉的品性和人的品格相互映照的人文之路，势在必然。到了华夏民族创世英雄辈出的炎黄时代，炎帝、黄帝、大禹这些华夏先祖，都被赋予了美玉一样的品质和德行。② 只不过那时候，人们将自己对这些创世英雄以玉来比拟，更多的是取了美玉神格化和曾经作为图腾崇拜物的神性意义——即那个时候，玉被赋予了神性，是神权的象征。到了夏商周以后，玉的价值和意义虽然从神圣的圣物落到了人间，却更加具有了权威性。

让玉成为王权与等级制度标志的，是壮大于西王

❶ 由于巫师利用其特殊身份和地位赋予了玉的特殊功能，玉也就显得更加神秘，成了辟鬼驱邪、降妖除魔的神器。

❷ 对那个时代而言，玉成为人与神灵进行交流的媒介，成为古代神权的象征。

母统治过的泾河流域，崛起于渭河中游的周人。在西周礼乐制度中《周礼》不仅规定以苍、黄、青、赤、白、玄各色玉石制作祭祀天地和东南西北四方神圣的乐器，还对君王和不同级别公侯大臣佩戴玉器的等级，作出明确界定。这种以佩戴玉器饰品标志个人身份与地位的传统，在西周是一种政治等级制度。尤论你多么有钱，没有足够的社会地位，是不能超越身份佩戴玉器的。于是，玉也就从一种饰品进入了社会文化视野。到了春秋时期，玉不仅是王权代表，佩玉之风也日益盛行。所以孔子说"古之君子必佩玉，右徵角，左宫羽。"这种从神权开始，由王权倡导的佩玉之风发展到战国秦汉，成为一种具有深厚文化意味的社会风尚。各国王公贵族为了显示自己身份，每服必佩玉，有的一件衣服上甚至佩戴数十个各种形状的玉佩。

❶ 春秋时期孔子提倡以玉比德，并赋予了玉 11 种品德，玉的文化内涵就被提升到了道德精神层面。作者运用想象力刻画了两千多年前的中国景象，确实令人敬佩神往。

① 如果闭上眼睛想一想，两千多年前的中国大地上，出入都城封邑大街小巷的男女老幼华服丽饰，步履轻盈，满身玉佩，随风碰撞，玲玲有声，光华闪烁，那该是多么壮丽的景象啊！

这种景象，应该是出现在孔子说出"君子比德于玉"这句话之后吧？因为到了孔子将他所倡导的君子风范与历代给玉赋予的仁、知、义、礼、乐、忠、信、天、地、德、道等品格结合之后，玉已经成为中国传统文化世界物我相融的精神载体。玉既代表一种理想人格品性，又代表一个人的文化修养，更象征一种神圣不可侵犯的权威和尊严。春秋时期，每个国家都有一件作为镇国之宝的玉石，其中"周有砥厄，宋有结绿，梁有悬愁，楚有和璞"。

历史上发生的与玉有关的故事太多了，但在渭河流域最有影响的故事，大概要算《完璧归赵》了。

《完璧归赵》的故事是《和氏璧》的后续。那位楚国人卞和发现的尚未琢磨的美玉，在有眼无珠的楚厉王、楚武王时代备受冷落，卞和为之还失去了两只脚。后来，这块被称作和氏璧的璞玉虽然被楚文王发现，却又辗转流落到了赵国。

那时候，都城雄踞渭河北岸咸阳原的秦国，已经到了秦昭襄王时代。这位灭了西周，又在长平之战将秦国诛灭六国之路上的劲敌赵国逼上穷途末路的秦王，正在筹划沿渭河东进北扩，准备荡平六国，怎么能够容忍已经是秦国囊中之物的赵国拥有如此珍贵的美玉呢？

在司马迁笔下，虽然蔺相如与秦昭襄王斗智斗勇，保住了和氏璧未落入秦王之手，但公元前279年秦赵在河南渑池会盟58年后，[①]秦王嬴政诛灭六国，和氏璧还是为秦国所得，被秦始皇制作成中国封建社会皇权象征的玉玺。这只用和氏璧制作的皇帝玉玺在秦灭亡后被刘邦所获，并在历代的皇帝手中传来传去，成为皇权更迭的象征，一直传到了唐代。

❶ 自古以来人们就将玉视为沟通天地鬼神的神物，认为君王是天的儿子，代表天来管理人们。将玉视为君主和天地的观念及礼仪影响深远。

盛唐以后，发源于渭河流域的中国农耕文明辉煌不再。随着战乱频繁，秦始皇当年在咸阳宫用和氏璧制作的皇帝玉玺也不知所终。但发端于渭河流域的玉文化，却不仅没有因为和氏璧玉玺的消失而消亡，反而让玉的价值和地位不断攀升，发展成为中国文化传统最具有象征意味的文化元素。

西王母和《山海经》时代，玉与神并行。到了《诗经》时代，玉是高尚纯洁人格的化身，并且开始与纯情男女的爱情结缘：①"有女同车，颜如舜华。将翱将翔，佩玉琼琚。彼美孟姜，洵美且都。有女同行，颜如舜英。将翱将翔，佩玉将将。彼美孟姜，德音不忘"（《诗经·郑风·有女同车》）。

1 西周的人们是身不离玉的。行走时琚、佩等玉相互撞击发出清脆的响声，提醒人们注意行止有节。

将美玉与美满爱情婚姻结合得最完美的故事，也发生在渭河之滨。

秦穆公是秦人从渭河上游来到渭河中下游关中平原后，第一位开疆拓土、霸气十足的秦国国王。他有一个小女儿非常喜欢被父亲征服了的西戎国进贡的一块碧玉，秦穆公便给她取名"弄玉"。弄玉长得非常漂亮，而且聪慧过人，但性情孤僻，成天只喜欢躲在后宫吹笙。秦穆公就让工匠用那块西戎碧玉，为女儿做了一支碧玉笙。玉配佳人，弄玉吹笙的技艺更加突飞猛进，对玉笙也爱不释手。女大十八变，眼看弄玉到了该出嫁成婚的年龄，父亲欲将其许配给邻国太子，弄玉却怎么也不从，并提出非遇上懂音律、善吹箫的男子不嫁。

在为秦国开疆拓土的战争中，秦穆公是用兵戈和鲜血将秦国疆土开拓到包括整个渭河流域的国君，也是死的时候以 184 个活人为其殉葬[1]，创中国历史上活人殉葬之最的残忍君王。① 但对心爱的女儿的要求，这位孤傲的秦国国君还是屈从了。接下来一连几夜，弄玉在月光下吹笙时，都能听到一阵缥缈如仙乐的箫声从东方传来。为了让女儿找到称心如意的郎君，秦穆公派大将孟明从华山将那位隐居吹箫的青年萧史带到咸阳宫。萧史的箫声让秦穆公和臣子们如痴如醉，征服了弄玉芳心，于是两人结为夫妻。

❶ 因为女儿喜欢玉，秦穆公便给女儿取名弄玉。他不遗余力为女儿寻求佳婿的故事，更是传为一段佳话。

这对酷爱音乐的夫妻住在咸阳宫里不问世事，一心只是吹箫弄笙，切磋技艺。弄玉吹出的笙声越来越美妙动人，连天上的凤凰都被吸引下来。② 那时候，秦穆公大概正在忙于称霸西垂的征战，已经十分厌倦宫廷生活的弄玉和萧史，决定回到华山过隐居生活。一日，弄玉吹笙，萧史吹箫，招来一龙一凤，弄玉乘上彩凤，萧史跨上金龙，比翼双飞，腾空而去。

❷ 弄玉的故事，包含了中国古代的玉文化元素，同时，也代表了古人对音乐的推崇以及对完美爱情的向往。

秦穆公之女弄玉吹奏的玉笙袅袅之音，余音绕梁，三日不断，为后人留下了"乘龙快婿"的典故。

这故事出自《魏书·刘昞传》，真实性自然有待考

---

[1] 殉葬，指用人或者器物陪葬。

证。但弄玉的美貌和守身如玉的故事，却为后世文学作品演绎出一出又一出如"弄玉吹笙"般纯真理想的爱情故事，打开一条滔滔不绝的源头。

到了这个时候，玉这种凝聚了天地万物灵气，"质细而坚硬，有光泽，略透明"的石头，已经不仅仅是一种物质，而是中国传统文化世界一切美好、完美事物的代名词和借代体。

我不知道当年李商隐写出"蓝田日暖玉生烟"句子的时候，灞河上游蓝田一带的河谷里还有多少采玉工在清冽的河水中劳碌；我也不知道现在蓝田县城大小商场比比皆是的蓝田玉，是不是当年李贺和李商隐所咏叹过的蓝田玉。但在灞河源头公王岭下面，还有一个叫玉山镇的地方，那应该就是当年蓝田盛产美玉留下的标志吧？在渭河上游的武山境内，那种要进化成真正上乘美玉，也许还要历经数万年渭河水冲洗的鸳鸯玉，现在被制作成王翰《凉州词》里所写的"葡萄美酒夜光杯，欲饮琵琶马上催"的夜光杯，行销海内外。

① 最为关键的一点是，从发生、发展到隋唐时达到高潮的玉文化的迷人光晕，还在从渭河流向中原，在华夏大地上弥漫。

❶ 玉，人们从对它的敬畏转变到喜爱，是因为玉体现人们对美好生活领悟的智慧，代表着中国人与时俱进的一种境界，对华夏大地及后世有着深远的意义和影响。

延伸思考

1. 文中提到，绝世美玉是怎样形成的?

_____

_____

2. 如何理解文章最后一段?

_____

_____

第三辑 时光印记

在汉江两岸行走，这种曾经被视为封建愚昧的传统美德，依然根深蒂固地存活在秦岭巴山莽莽丛林、汉江沿线高山幽谷间。

【预测演练】

阅读下面小说，完成1—3题。（15分）

太白山下（节选）[1]

①"为天地立心，为生民立命，为往圣继绝学，为万世开太平。"这四句话，被当代哲学家冯友兰先生称为"横渠四句"，出自北宋理学创始人之一、关学大师、横渠先生张载的《横渠语录》。

②张载老家在开封，但命运却将一位大哲学家一生都交付给了太白山。

③张载十五六岁时，父亲病故涪州任上，张载和母亲、弟弟张戬扶亡父灵柩返老家开封安葬。由于战乱，加上经济拮据，在将父亲灵柩安葬在与太白山一脉相沿的眉县横渠镇大振谷口迷狐岭后，张载和母亲、弟弟也被迫把家安在太白山下的眉县横渠镇。

④宋仁宗嘉祐二年（1057），在太白山下苦读十余载的张载，踏

---

[1] 文章节选自本书第一辑，有删改。

上了前往宋都汴京（开封）参加科举考试的应试之路。这一年张载三十八岁。做学问，然后跻身仕途，这是古代以"修身齐家治国平天下"为理想的知识分子的必由之路，张载也不例外。考取进士后的张载自然而然地，开始按照当时规程，进入体制内。

⑤大概是上苍有意要成就一位为人类历史留下璀璨光芒的思想家的缘故吧，在张载进入北宋政治中枢的时候，王安石刚刚开始改革新政。张载到枢密院工作不久，王安石即登门拜访，希望张载能够支持他改革变法。然而，让王安石失望的是，张载婉言拒绝了王安石的请求。

⑥拒绝与王安石合作，为张载今后的命运埋下了伏笔。当弟弟张戬终于与王安石撕破脸皮，走到改革派对立面继而被贬到湖北江陵后，张载预感到，如果继续在权力斗争翻江倒海的朝廷待下去，必然凶多吉少。为避免被弟弟激起的漩涡卷走，张载选择了主动辞官，回太白山下眉县继续治学。

⑦张载从宦海是非中脱身而出，是迫于无奈。后来，当被人推举并接到朝廷召唤后，张载还是以病老之身欣然进京复命，直到政治抱负再次受挫后辞职，病殁于从开封返回太白山下的路上。

⑧回到太白山下后，张载一方面著书讲学，研究义理，探求天地及圣贤之道，一方面也着手实施一系列在朝廷做官时无法践行的社会改革实验。

⑨2013年，我在太白山下徘徊时，有人指出眉县横渠镇崖下村、渭河北岸扶风县午井镇和远在长安区的子午镇，正是张载当年恢复西周井田制的实验地。有人还说，这些地方现在还有张载进行井田

制土地制度改革实验的遗迹。

⑩张载在太白山下进行制度实验的一千多年前，西周由盛而衰的历史已经证明，井田制是一种有着过多理想色彩的土地制度。一千多年后，面对无法挽救的衰败局面，张载试图恢复已经被历史摒弃的井田制，自然也不会有什么结果。但从中，我们仍然可以看到张载为改变社会现状所付出的艰辛努力，也能更深切地理解一位对现实人生充满热诚的孜孜以求的文人的情怀。

⑪在太白山下，除了进行井田制实验，张载还用大量时间和精力著书立说，带徒讲经。《眉县志》载，太白山附近的关中书院、绿野书院、横渠书院和扶风贤山寺，都留下了张载讲学的足迹。

⑫这时候的张载，已经构建出"宇宙本源是气"的宇宙观和气化生成的理论体系。张载创造性提出的天地之性与气质之性合一的人性论思想，完成了对孟子、荀子以来儒家人性理论在哲学高度的重建。在张载看来，人人都应该以成就圣贤为目的，树立历史使命感，最终达到与天地万物融为一体的境界。张载在太白山下完成的这种理论，不仅完善与发展了儒家学说，而且成为儒家重要支脉——关学的源头，也为后来的朱熹创立理学奠定了理论基础，在中国思想史上占有重要地位。张载身后，他的学术思想也对明末清初的思想家、哲学家、史学家、文学家王夫之产生了重大影响，其著作还被列入明清两代科举考试必考科目，成为备受后世统治者推崇的主流学术思想。同时，张载还是当时颇有盛名的天文学家。他不仅独创性地解释了地球运动问题，提出地球向左旋转理论，还从《黄帝内经》中得到启示，草创出"宣夜浑天合一"的宇宙图式，并以此图式就太阳和月亮与地球的距离孰

远孰近的问题进行探究，得出了日远月近的结论。

⑬据地方史志记述，张载建构自己的学术体系时，长期在现在的太白山森林公园附近大振谷隐居。不知在隐居期间，他是否登临过太白山极顶，但作为一位强调天地是万物和人的父母，天、地、人三者共处于宇宙之中的哲学家，张载在思考、写作、静修之际，太白山自然山水对他的心灵世界，一定产生了深刻而巨大的影响。如果不是在终年笼罩着神秘、神奇的氤氲之气的太白山长时间沉思默想，张载对天地万物之间的关系，还能不能思考与领悟得如此澄澈呢？

⑭公元 1078 年农历的最后一个月，开封通往长安的官道上风雪交加，天寒地冻，一顶单薄破旧的轿子在漫天风雪中艰难前行。随行人员除了轿夫，只有一个小伙子。轿内，一位脸色蜡黄、神情憔悴的病人双目紧闭。

⑮过了潼关，八百里秦川已然在望。然而，漫天风雪将天地融为一体，自太白山向东蜿蜒而来的秦岭，也被淹没在茫茫风雪之中，只有几线高挺的憧憧身影若隐若现。到了华山脚下，轿上的病人额头沁出豆大的冷汗，睁开眼睛，艰难地看了一眼影影绰绰的西岳华山，复又咬紧牙关，忍住疼痛，继续颠簸前行。

⑯将暮时分，轿子终于来到临潼，一行人找一家旅舍投宿下来。第二天清晨，大雪停息，白雪皑皑的关中大地一片寂静。一声撕心裂肺的号啕忽然从病人身处的客舍传将出来，将积雪覆盖的旷野上清冷的宁静撕裂。

⑰这一年，张载五十八岁。

（选编自《散文》2021 年 02 期有删改）

1. 文章第①段以"横渠四句"开头，有什么作用？（3分）

_____

_____

_____

2. 本文内容主要写张载，为什么命名为"太白山下"？请谈谈你的看法。（6分）

_____

_____

_____

3. 文章结尾部分，作者用生动的语言描写了张载在弥留之际仍艰难奔波于风雪之中的情状，描写颇有特色，请从肖像、景物、细节三方面简要分析。（6分）

_____

_____

_____

_____

马夫到帝王

名师导读 ▶

马夫指喂养马匹的人，是封建社会最底层的人；帝王则是封建社会的最高统治者，实行世袭制和终身制。秦国的第一代君主曾经是为周朝养马的马夫，在他励精图治下，远在边陲的秦国实力不断增强，疆域也从西北边境一直扩到沿海之滨，最终一统天下。他建立了赫赫有名的大秦，立下万世功勋。

---

① 人们为什么要把横亘在中国腹地的这条山岭叫作"秦岭"？

2004 年夏天，在秦岭莽林深处的日子我问过好多人，得到的回答是："不知道。好像古代就这么个叫法。"

❶ 作者开门见山。用设问的形式引出了文章主旨，激起了读者浓厚的兴趣。

111

中国的山脉河流叫什么名字，历来都是要有个说法的。比如说淮河，比如说北岳恒山，甚至连秦岭山区的好些小小的山峰叫什么名字，总有个来历的。宁陕与西安长安区之间的光头山，山顶光秃如剃过的头；周至县南部终南山区的牛背梁，远远望去形状高拱如牛的脊，所以才有斯名。

①那么，为何偏偏就是秦岭——这座中国南北文化和地理、气候、动植物的分界岭的名称，却没有来由呢？

"秦岭"一名，最早出现在班固《两都赋》中《东都赋》"秦岭九嵕，泾渭之川"句。班固之前，《诗经》《禹书》《山海经》，一直把秦岭称为"南山"。这就是说，中国地理学上真正出现"秦岭"这个名词，是在秦始皇统一中国之后的事情。

这是不是可以说，"秦岭"一名的来由，与秦人、秦国、秦始皇有关系呢？

安康平利与十堰竹溪之间，有一处楚长城遗址。这段长城遗址，也正好在秦岭和大巴山之间，只是在安康被当地人称为"石长城"，在相距几十公里的湖北境内，又被唤作"楚长城"。②作为防御外族的军事工事，在秦岭以北的漠北地区，长墙逶迤，矗立于荒原大漠之间，本来不算什么新鲜事，但在原本就群山高矗，峻岭绵延的秦岭腹地，这样一段长城的出现，还是让我感到意外。

❶ 秦岭贵为中华民族的龙脉，是华夏文明的发祥地，是阻挡西北风南下的天然屏障，可是为什么叫秦岭呢？作者再一次反问。

❷ 在秦岭腹地为什么会出现一段长城的遗址？这是一个令人啧啧称奇的谜，吸引读者阅读兴趣。

到了十堰，毕业于中国人民大学历史系的十堰日报社副刊部主任李玉伟告诉我，战国时期，秦国的势力已经到达了湖北西部一带。现在楚长城遗址一带，就是"朝秦暮楚"这个历史典故的诞生地——当时，竹溪的关垭和秦国接壤，秦楚相争，战事频繁，关垭一带早上被秦国占领，晚上又被楚国收复。如此你进我退，上演了一场又一场酷似小鸡捉麻雀的战争游戏。

有专家认为，那段长城遗址，就是当年楚国为防御秦国军事进攻而修建的。

① 周孝王时期还是西周王朝牧马人，被鄙视为夷狄的秦人，经过百余年征战，竟把疆土从远在千余公里以西的甘肃东南部，拓展到了丹江上游一带！

莽莽秦岭西接昆仑，东临江汉，至今都是中国版图的中心。而在中国历史上，第一次将东零西碎的中国版图归拢到一张图纸上的颛顼后裔——嬴秦的故园，就在秦岭西部余脉的陇南山地。

《史记·秦本纪》在描述秦人刚到那里生活的现状时说：

② 非子居犬丘，好马及畜，善养息之。犬丘人言之周孝王，孝王召使主马于汧渭之间。……于是孝王曰："昔伯翳为舜主畜，畜多息，故有土，赐嬴姓。今其后世亦为朕息

❶ 从为周朝喂养马匹的夷狄，到一统天下拥有万里江山的帝王，这个秦人创造了一个无与伦比的奇迹！这是秦人奋发向上、不断努力的结果。

❷ 作者引用《史记·秦本纪》中的原文，讲述了秦在周孝王时受封于秦的史实充实了文章内容。

马，朕封其土为附庸。"邑之秦，使复续赢氏

祀，号秦赢。

这里所说的"犬丘"，和后来所说的"西垂"都在

位于西秦岭北坡的西汉水上游包括大堡子山在内的秦

岭山地。

赢秦是母系氏族社会时期一个以鸟为图腾的部落，

最早生活在山东一带。① 从大海之滨的山东半岛经过

漫漫长途跋涉，来到西秦岭北坡之后，秦人很快就与

当地戎族融合到一起，使一只羸弱的小鸟，迅速成长

成为一头横行四海的雄狮。

秦人先祖到天水一带的秦岭山地立足未稳的时候，

被周天子派到秦地为王室牧马。所以论起秦人的出身，

不过是周王室的一介马夫。

那时的秦岭西部山区和渭河谷地，天阔地广，牧

草丰美，秦人为了以诚实劳动换取一块属于自己的生

存之地，在那里养出了一批又一批膘肥体健、能征善

战的良驹。秦地出产的良马，在周王室称霸春秋的战

场上屡建战功，秦人也因此获得了受邑封地。有了秦

岭山间的这块封地，秦人也就有了成长为一代霸主的

根据地！这段历史，对于我这个祖祖辈辈就生活在秦

非子当年牧马的草场上的西秦岭山里人来说，是再熟

悉不过了！

❶ 从小鸟到雄狮，这是多么惊人的变化！可见秦人不但能从养马中得到封地，而且还能从与周边戎族的相处中扩大地盘，这就是秦人的厉害之处！

虽然现在地处渭河中上游的天水一带，大部分地区早已是山光地瘠，看不到一块牧草绵延、牧马奔驰的景象了。然而，只要一触摸到司马迁的这一段文字，闭上眼睛，我都可以想象这样一种情景：当年天水一带的西秦岭山地，草茂林密，蓝天高远。水面宽阔，水质清澈的渭河两岸，人烟稀少，骏马成群。秦非子和他的部族就像诚实的农民，白天把马群赶上山野，让它们在阳光和微风中享受生活和自由驰骋的快乐。而每当夜幕缓缓地降临到这一片并不开阔的山间谷，面对辽阔夜空上闪烁不息的繁星——它们一直朝着陇山以东，当时还被称作"南山"的终南山北麓西周王朝的京畿之地周原，秦非子肯定也有过忧郁、孤独和疲倦。

尤其是每当寒冬降临，起伏的山峦白雪覆盖，滔滔渭河失去了往日的欢腾，呼啸南下的寒风被高大雄矗的秦岭挡了回来，更加严酷、凛冽地朝遍布在山间谷地的马厩和屋舍扑来的时候，秦非子内心深处，是不是就有过马踏中原，从一介马夫一跃成为纵横天下的霸主的梦想呢？

我想，这大抵是肯定的。因为在中国历史上，没有任何一个时期曾经像春秋战国时期那样，为个性的张扬、才华的显现、英雄的成长，提供过如此自由而广阔的天地。① 那个时候，无论你是王公贵族，还是

① 时势造英雄，这话一点不假。那个时代，谁抓住了机会，谁就能够咸鱼翻身，实现华丽转变。秦人就是抓住了千载难逢的机会，开始了称霸之旅。

115

草民莽夫，只要有梦想，只要敢于做梦，那么这世界就可以根据你的想象而改变，这天地就可以根据你的愿望任你来安排。所以，秦先祖秦非子在自己还是秦岭山谷里一介马夫的时候，于朦朦胧胧中产生横扫天下，代天为王的幻想，也是情理中的事。

在秦岭山区奔走的 60 多天里，我总觉得当年秦人的壮大，与秦岭有一种说不清楚的渊源。这不仅因为在西起甘肃东南部，东到潼关，南及湖北西北部的秦岭山区，我所经过的每一个村镇，至今都弥漫着嗓音粗重的秦腔秦调，住高墙厚瓦式的关中马鞍架房，① 更重要的一点是，无论是在陕西山阳与湖北陨西上津古城相接的秦楚边界最后一道关口——漫川关的楚汉墙边，还是在秦岭与巴山交汇的汉江流域，古老的秦风秦韵，至今都是秦岭山区人们最真实、最让人迷恋的气息。

秦人先祖就非常迷信。

史书上说，嬴秦先祖颛顼"依鬼神以制义，治气以教民，洁诚以祭祀"，是神巫世界的祖师。即便是在秦人一统天下之后，鬼神崇拜，占卜之风，在秦人贵族阶层仍然非常盛行。

② 礼县大堡子山，是秦先祖祖陵。有人在勘察嬴大堡子山一带的风水地理之后慨叹说，从古代风水学角度来看，秦先祖祖陵所占据的地利形势，是绝佳阴

❶ 陕西位处祖国版图的腹心，它有着独特的古老秦风秦韵，这独具魅力的文化孕育了一代又一代人，再多的笔墨也写不尽大秦的风采。

❷ 从地理位置来看，礼县大堡子山有"两河夹一山"的独特称谓，其独特的地域优势使其成为秦人先祖绝佳的风水宝地，这与秦人迷信鬼神有关。

穴宝地。于是就有人推断，人们之所以把那条流经南秦岭进入岷江的江水叫嘉陵江，就是因为它的源头西汉水，发源于大堡子山下。

"嘉陵江"的含义，就是发源于风水很好的陵园一带的江水。

时隔 2000 多年后的今天，鬼神崇拜和自然崇拜，仍然是秦岭山区本土文化最有代表性的重要特征。尤其让我不能破解的一个谜团就是，① 在西周时期，远在东海之滨的山东，也曾经有一支称为"秦"的部族，为什么单单就是这支曾经落魄到只有背井离乡，来到西秦岭山地以给人家牧马，以求生存的嬴秦，能够从给周王室打长工的卑贱地位，一跃而成为战国七雄中一位揭开中国历史大幕的枭雄呢？

如果要我解释这中间的因果的话，我以为除了历史的机遇与可能，就是早期秦人因祸得福地选择了秦岭这个温暖的家园！

秦人在甘肃东南部刚刚站住脚跟之际，是西秦岭北部山区得天独厚的自然环境，给了秦非子养出膘肥体健的战马，取得周王信任提供了机缘；而且秦岭山区恶劣的交通环境，在秦人漫长成长过程中，又阻绝了大的战乱侵扰，给了秦人休养生息，积攒后劲的机会；还有一个更为本质的因素——嬴秦立足之地，四周都是犬戎部族，② 为了生存与生活，秦人必须天天

❶ 作者运用设问的修辞手法，意图说明秦人从马夫发展至帝王的原因具有非凡的意义，给世人以启示。

❷ 这里点出了秦国走向强大的根本原因，富有深意，引起读者思考。

跟善掠好斗的犬戎作战，用鲜血和生命保卫他们的家园。这种枕戈待旦的艰难生存环境，则历练了一个勇猛善战的民族的气节和魂魄。

一开始，秦人跟周王室的关系，好像有些若即若离。这是因为那时的秦人，还和生活在西部的其他戎族一样，是一个不被别人瞧得起的弱小部族。但周王室毕竟还是不想失去秦人能征善战的战马，所以"国人暴动"期间，当秦人在遭到西戎侵略之际，周宣王还是派兵帮秦人收复了失地。

❶ 秦人养马，但志不在养马。秦人没有拘泥于传统忠君思想，而是循着既定目标一步一步前行。

① 此后，秦人在天水一带的秦岭北坡一边继续以牧马为业，一边开始脚踏实地地创造成就霸业的未来，并且慢慢强大起来。先是西周附庸，随后成长为大夫，最后跻身诸侯。他们甚至还得到了一个被叫作"秦亭"的封邑。

这一段秦人卧薪尝胆的历史，大概前后持续了300多年。

直到公元前761年，秦文公率700兵士东猎，在汧水和渭水交汇处凤翔县孙家南头村选定了新的都邑，秦人才开始走向更为开阔的创造千秋霸业的新天地。

这就是多少年来曾经让秦汉史专家浮想联翩的"汧渭之会"。

长期研究西北历史地理的著名学者徐日辉先生，勾勒出的秦人从西垂到宝鸡的行进路线是：

①礼县（西垂宫）—天水—麦积山—吴砦—凤阁岭—晁峪—甘峪—硖石—宝鸡（汧渭之会）。也就是从甘肃的礼县的西垂宫出发，经甘肃的天水、麦积山、吴砦至甘、陕交壤的陕西凤阁岭、晁峪、甘峪、硖石，最后达到宝鸡境内的（汧渭之会）。

②可见，秦人最初在犬丘扎根是在秦岭，在自西向东挺进时，也是紧依着北秦岭，在北秦岭和渭河南岸之间的秦岭山地上渐渐东进的。

接下来的历史是大家都清楚的，到秦穆公时代，秦人已经将征战的刀戈伸到了秦岭东部余脉——我曾经两度翻越过的河南三门峡灵宝、卢氏境内的崤山一带。至于秦岭南坡的嘉陵江和汉水上游一带，早在秦文公时代，就已经并入了出土于天水牧马滩的那幅秦人绘制的木板作战地图了。

从落魄到为周王室牧马，到建国立业，再到纵横天下，横劈六合，秦人好像一直都是以秦岭为轴心，东拓西进。即便是在时隔 2000 多年后的今天，绵延千余公里的秦岭的高峻，从来都没有隔阻秦文化在秦岭南北的浸染。即便是政府规定的行政区划，也无法割断秦人的血脉沿着逶迤绵延的秦岭奔泻流淌。

在秦岭东部山区的荆紫关镇附近，有一座村庄，

❶ 秦人从西周晚期开始"东出"，宝鸡就是秦人进入关中的大本营。汧渭之会就成为秦族心目中的圣地，至今留下了极为丰富的文化遗存。

❷ 秦人起家是在秦岭，发家也是在秦岭，从西向东开疆拓土也是在秦岭，是秦岭成就了秦国的春秋霸业。秦岭，真是秦人的福地。

119

被称为一脚踏三省的地方。这个村庄从行政区划上来说，属于陕西省商洛市商南县白浪镇白浪村，村上一百来户人家却分属于陕西省商南县、河南省淅川县和湖北省郧西县。一条巷道分别由三个省管辖，税收政策、生活状况各有差异，甚至一街之隔门对门的两家小卖铺，陕西人不敢卖南阳产的"群英会"牌香烟，河南人也不经销宝鸡啤酒。^①但在我驻留于此的短短几个小时里，无论你走在丹江东岸河南省管辖的荆紫关镇的街巷里，还是出入在鄂豫陕杂居的白浪村普通人家，老百姓的语言和生活，却依然深深扎根在古老深厚的秦文化土壤里。河南荆紫关镇百姓的堂屋，也和远在三四百公里以外的周至南部老县城的山民一样，供奉着"天地宗亲"牌位；除了三个省的人互打电话、交长途费、纳税、开会时，才意识到他们虽然同饮一眼井的水、同走一条街巷的路，却不属同一个省的人以外，秦人的呼吸自古以来就这样无声无息地在他们的肉体与精神里悄悄地、自然而然地弥漫、奔走着，让他们无法拒绝，不能远离。

②"秦"，这个以农耕文化为其精神内质的植物名称命名的民族，就是这样沿着秦岭，把它精神与文化的根须深深地扎在了秦岭山区的各个角落。

那么，从一介马夫最终成为一统天下、威震四海的始皇帝的秦人，到底和秦岭是一种什么样的关系呢？

❶ 行政区划具有浓厚的强权色彩，隔断了白浪村人们的物理距离，但是隔不断千古流传而形成的、深入骨子里的大秦基因文化。

❷ 秦，秦国先祖和族人经过数千年的创造，最终形成了影响人们精神、价值观、意识形态的秦文化，对后世有着深远的影响。

为什么人们后来要把《水经注》上最早称为"南山"的这座横山岭称作"秦岭"呢？

中国文化历来就非常讲究因果关系。① 后人之所以把已经被郦道元老先生早已下了定义的"南山"改称为"秦岭"，也应该是有他的理由的。我不是地理学家，无从寻找更多的资料来说明这个问题。但仅仅凭我沉浸在秦岭大山深处时所感受到的古代秦人生活印迹对秦岭历史、文化与精神的影响，以及作为诗人的直觉，我们是不是可以这样认为呢：

是秦岭给了秦人生存、生活、成长、壮大的温暖家园，是秦岭的高峻与博大，在秦人历经十数代、500多年的成长过程中，赋予、培养了他们从马夫到帝王的气魄与雄心，是秦岭为秦人后来的创业征战提供了天然屏障，尤其是秦人在其完成霸业之后，其政权和经济的中心，仍然紧紧围绕着秦岭、依靠着秦岭——秦岭是秦人的历史，秦岭是秦人的现实，秦岭是秦人的梦想与宿命。千古一帝秦始皇的陵墓，就在秦岭支脉的骊山脚下；最近才发现的秦先祖陵园，就在西秦岭山区的礼县大堡子山；还有人认为，人们之所以把发源于西汉水的那条水叫作嘉陵江，就是因为嘉陵江的源头——西汉水，就从秦先祖陵山脚下流过……

② 如此等等，这正如人们之所以把秦岭之南、汉江南岸古代巴人活动中心区的那座山叫作"巴山"一样，

❶ 周平王向东迁都洛阳，史称平王东迁。西土归秦国，所以南山改名为秦岭，也在情理之中。但从地理位置来讲，是南山滋养了秦人、成就了秦人，为了纪念，改南山为"秦岭"，也很有道理。

❷ 在茫茫秦岭摸爬滚打的秦人，对这座雄伟大山给予自己精神滋养、生命护佑有着天然的认同感。这片肥沃的土地，这座秦人的龙脉，不仅仅代表着秦岭的纵深和高度，更代表着秦岭的厚度，对中华民族影响深远。

后人于是就把这座与秦人崛起、兴盛与灭亡息息相关的山岭，称为了"秦岭"。

从这种意义上来理解，我想"秦岭"的真正含义，应该是秦人的山岭，或者说是秦人居住的山岭。因为只有秦岭，才是秦人从马夫到帝王真正的见证者。

延伸思考

1. 文章题目是"马夫到帝王"，为什么要在开篇写秦岭名字的由来？

_____

_____

2. 作者认为，秦国击败其他六国一统天下的原因是什么？请用文章原文回答。

_____

_____

忠与孝

名师导读 ▷

　　忠诚于国家,孝顺于父母。"忠"的对象是国家,是民族,忠的精神就是仁爱。孝的观念源远流长,孝顺是中华民族的传统美德,拥有无比强大的生命力,广泛渗透于人们生活的方方面面。忠和孝是中华传统文化中非常重要的内容,具有极高的地位。

　　自从五四运动打倒孔家店,"忠孝节悌"四个字一度成为老祖宗创造的众多具有道德指向的词语中最不常用,也最被冷落的语词。然而,在汉江两岸行走,这种曾经被视为封建愚昧的传统美德,依然根深蒂固地存活在秦岭巴山莽莽丛林、汉江沿线高山幽谷间。

　　2014 年 11 月 29 日下午到石泉,为了不叨扰朋友,我没有跟石泉县旅游局书记张昌斌打招呼,而是自己沿汉江三峡去了后柳水乡和熨斗古镇。① 第二天一早

① 曾荣富割肝医母的故事广为流传了三四百年,其孝心感天动地。

见面,张昌斌拉我去的第一个地方,是去县文化馆看"割肝医母"碑。

清光绪年间,石泉人曾荣富割肝医母的故事,10年前我到石泉已经听说,那块至今保存在石泉县文化馆的石碑我也看过了。

曾荣富割肝医母的故事说:

① 光绪年间,石泉县北部将军河山山洞里住着一户曾姓人家,妻子汪氏生下3个儿子,生活本来就很艰难。丈夫去世后,一家人生活更加陷入困境。不得已,汪氏只好将两个小的送人,身边只留下8岁的曾荣富,靠自己给别人洗衣做饭拉扯儿子。曾荣富稍微长大些,就去给有钱人打长工放羊,和母亲相依为命,艰难度日。但祸不单行,光绪十七年(1891年)母亲汪氏得了一种怪病,曾荣富缩衣节食,四处求医拜神,病情不仅不见好,反而越来越严重。有一次,病危的母亲说她想吃猪肝,曾荣富向他做长工的东家求助。时值五六月,从哪里找猪肝呢? 没办法,东家给他一块猪肉,让曾荣富给母亲吃试试。没想到,吃了这块肉,母亲的病好了许多。但没过多久,母亲的病又加重了,昏迷中又喃喃自语说想吃猪肝。眼看着母亲快不行了,怎么办? 没有钱给母亲买猪肝,再向东家讨要张不开口。想来想去,曾荣富决定剖腹割自己的肝给母亲医病。《石泉县志》记述曾荣富割肝医母这件事时写道:"值

❶ 艰苦的生活环境使得曾荣富小小年纪便感受到了生活的艰苦、母亲养育自己的不易,从而树立了孝心。

母病，医药祈祷，日渐重危，乃剖腹割肝，假肉已进，而母病寻愈。"故事的结局是，母亲喝了曾荣富用割下来的一叶肝熬制的汤后，药到病除，曾荣福也被乡亲们救了下来，活了 82 岁，于民国二十二年（1933 年）无疾而终。

据传，曾荣富割肝医母那天夜晚，他家上空红云骤起，照得将军河一带的山谷一片彤红。时任石泉知县张育生闻知此事感动不已，为曾荣富题赠"割肝医母"石碑一通，当时一位姓童的郡守还给曾荣富送了一幅"至行励俗"的匾额。

这些细节，被记录在官修《石泉县志》里。石泉县将军河畔，至今还有曾荣富墓。为曾荣富题写"割肝医母"碑的张育生，字张世英，是我老乡，天水西关张氏，确实做过石泉知县。

由此可见，这个惊天地、泣鬼神的孝悌故事，大约应该是真有其事了。

① 第二次到镇巴，我从西乡堰口进入泾阳河峡谷后，一直走在幽深的峡谷底部。到了拴马岭，道路突然攀升而上，拴马岭隧道尚未贯通，我只有沿翻越拴马岭山顶的老路才能进入镇巴。一转弯，公路旁两户人家对面有个小神龛，拍照之际，一位 40 多岁男子邀我到家里喝茶。进门一看，套间里躺着一老妇人，身上盖着厚厚的棉被，又加盖一件皮大衣，看样子病得

❶ 为了考证曾荣富割肝医母事迹的真伪以及这件事的影响程度，作者不辞辛苦深入到人迹罕至的泾阳河峡谷底部，体现了作者对历史的敬畏之心。

① 这里侧面体现出孝文化已经渗透中华大地每一个角落。

不轻。一个十七八岁、穿着时髦、长得眉清目秀的姑娘站在床边，正一勺一勺给病人喂药。①病人吃一勺，姑娘舀一勺，先放到自己嘴边轻轻吹吹，再给病人喂。小姑娘耐心娴熟、不紧不慢的动作，让我盯住看了好久。

这户人家姓刘，祖上从四川迁徙到这里来。

男子说，我刚才拍照的是神像，是他爷爷供奉的药王。他爷爷早年行医，手艺好、待人也好，是这一带有名的中医大夫，如果活着，该100岁了。他们家本来住在山下，爷爷为了方便采药，才搬到山上住，70多岁就瘫在床上的曾祖父，在他爷爷照料下活了90岁。男子还告诉我，床上病的是他母亲。他们兄弟三个，他是老幺，一直和母亲住在一起，所以照料并为父母送终，是他的责任。父亲早几年去世，母亲瘫在床上，他也不能出去打工挣钱，也就将就过日子，多陪陪母亲，尽当儿子的孝心。我问他喂饭的姑娘是不是他女儿，男子点头答应称是，还说女儿本来在西安打工，知道奶奶病危，非要辞掉工作，陪她最后一段时间。

② 没有高调的理论，没有两只金钱至上的势利眼，他们只知道"百善孝为先"的朴素道理。人民群众才是中华忠孝文化的创造者、坚守者。

②"也好，百事孝为先，工作没了可以再找，如果欠下孝心，心里一辈子都活不安稳！"临了，男子自言自语说。

大概是汉江流域土著，大多有过背井离乡、辞家别土痛苦经历的缘故吧？历史上远离儒家文化中心的秦岭巴山之间，忠孝仁义、讲究修身立德的传统，似乎比任何地方都根深蒂固。这些年在汉江两岸行走，无论深山僻野，还是荒郊村镇，^①许多地方至今还保存着落满岁月尘埃的忠孝碑、孝悌碑和贞洁碑，地方志也都为当地那些尽孝守节的普通百姓，留有一席之地。第一轮修编的《山阳县志》就收录了《蔡光先孝母爱弟》的事迹："顺治时，本县生员蔡光先，七岁丧母，四事后母皆尽孝。晚母张氏生弟光祚刚二岁，父病逝。光先曲体母意，爱弟极笃，亲教弟读书习字。弟甫十岁，张母殁，光先延师教弟，因以成生员。光祚十二岁时，吴三桂部据县城达八月之久，街坊门室尽毁，杀掠男女大半，光先负弟避难，历经险阻。弟十六岁为之娶妻，不久弟媳亡，竟破自产，又为续娶，终促弟祚学业成就。县令王辰旌其门曰：'孝友楷模'。"

"中华诗祖"尹吉甫，不仅是我国最早的《诗经》采集者和编纂者之一，还是西周以后备受历代封建帝王推崇的大忠大义的化身。

尹吉甫最初引起周宣王敬重，不仅仅因为他超群出众的才能，而是他侍君忠诚、待人仁义宽厚的品格。做太师时，尹吉甫殚精竭虑，教习太子；国家有难，他不计得失勇赴国难；与人相处，他坦陈自己之短，颂扬别人之长。尹吉甫和仲山甫同朝为臣，共同辅佐周宣王，是宣王左膀右臂。尹吉甫不仅和仲山甫相处非常和谐，还在周宣王派仲山甫去齐国筑城时写作《烝

❶ 忠孝碑是作为一种忠孝文化教育引导而存在的，但真正的忠孝不是停留在口头上，也不是体现在到处矗立的忠孝牌坊，而是落实在看得见、摸得着的行动上。

民》，盛赞仲山甫美德才干："仲山甫之德，柔嘉维则。令仪令色，小心翼翼。古训是式，威仪是力。天子是若，明命使赋。"正是欣赏尹吉甫忠君敬业、胸怀磊落的品格，周宣王才在弥留之际将太子宫涅（周幽王）托付给了尹吉甫、仲山甫、方叔等大臣，并夸赞尹吉甫"文武吉甫，天下为宪"。

❶ 忠孝成为中华民族传统文化的特有印记，其源远流长不仅因为家家户户的言传身教、身体力行，还因为政府的带头示范、大力推广。

①2014年8月从房县回来4个月后，我在网上看到，房县举办第二届"十大道德模范"颁奖大会，主题就是"忠孝名邦，厚德房县"。有网友跟帖说，房县"忠孝名邦"称誉，来源于千古忠诚楷模尹吉甫和"二十四孝·扇枕温衾"故事的主角黄香。过去，房县东城门高悬一块明嘉靖年间知县夏维宁题写的"忠孝名邦"大匾。

❷ 孝作为中国传统文化的重要观念，无论是在过去还是在现在和将来，都是中国人极为看重的核心价值观。

②黄香9岁丧母，酷夏为父亲扇凉枕席，寒冬用身体为父亲温暖被褥的故事，读过《二十四孝》的人都知道。不过，我得到的资料普遍认为，黄香是江夏安陆人，也就是现在湖北云梦。但房县许多资料认为，黄香与古房陵有着斩不断的联系。其中一说说黄香祖籍房县，另一说说黄香虽然是江夏人，但古房陵房县是他的食邑，所以黄香生前经常来房县。《房陵史话》还说，有一年房陵再遇水灾，全县百姓颗粒无收，在魏郡做太守的黄香专程赶到房陵，将自己的俸禄和朝廷赏钱全部捐献出来，赈救灾民。房陵百姓感其恩，

在黄香死后请求将其生前穿过的衣冠葬于房陵，还在城西二里修建了黄香墓和黄孝祠。

清同治年所编《房县志》在解释房县"忠孝名邦"来由时说："房号'忠孝名邦'，盖以西有黄香祠，东有尹公墓也。"

尹吉甫与房县的关系似乎基本清楚，至于黄香是不是房县人，在我看来不是问题的根本。因为过去的安陆江夏、现在的云梦和房县，都属汉江流域。[①]在古老汉江开拓的这片南有崇山峻岭、北面是辽阔平原的大地上，出现尹吉甫和黄香一忠一孝，两位引领一个民族情感和心灵走向高处的精神楷模，这样的幸事不仅属于汉江，也属于生生不息、古老智慧的华夏民族。

❶ 忠孝，在中国人看来是"百德之首""首善之先"，这种精神基因是中华民族高尚品格的渊源，也是中华民族的精神纽带。

延伸思考

1. 尹吉甫为什么能够引起周宣王的敬重？

_____

_____

2. 你对曾荣富割肝医母有何看法？

_____

_____

秋风吹渭水

名师导读 ▶

很多文人心中拥有一个诗意的世界，这个世界就在繁华的大唐都市长安城里。诗仙李白的《子夜吴歌·秋歌》便写出了长安女子在秋天夜里捣衣、思念守卫边疆的丈夫、祈祷战事早日结束的情景。其他如韩愈、贾岛、骆宾王等文人，也如李白一样都有一种浓浓的长安情结。因此长安已经不仅仅是一座都城，更是无数读书人心中的梦想之都，是一个具有浓厚审美意味的文化符号。

贾岛写下"秋风生渭水，落叶满长安"之句的时候，长安城渭河岸上有两个地方是唐代诗人笔下亲友别离的"断魂桥"和伤心之地。它们一个是长安城东渭河支流灞河上的灞桥，另一个是秦都咸阳城南渭河北岸的咸阳古渡。

要看咸阳古渡，渡口现在已经无处可寻。据说秦都区渭河二号桥西、河道中央裸露出来的那些铁桩，就是咸阳古渡留下的遗迹——那应该是明清时期用来固定连接渭河两岸浮桥舟船的。① 秦汉乃至唐代，作为沟通咸阳和长安、甘肃、四川的最繁忙的水上交通枢纽，咸阳城舟楫往来，"欸乃之声，彻夜不息"（《秦都区志》）的渭河渡口，也许不止一两处。在杜甫写出"耶娘妻子走相送，尘埃不见咸阳桥"（《兵车行》）前，渭河和咸阳古渡、咸阳桥，已经是唐代诗人营造中国文学史上离愁别绪的常用意象。② 或于秋景肃杀、落英缤纷之际，将亲人好友从长安城送到不得不彼此分别的渭河岸上、咸阳渡口，一番互诉衷肠的话别之后，从这里乘船西行，或经宝鸡大散关南去四川，或经天水去西域守边的戍边将士，远涉西域、经丝绸之路求经拜佛的僧侣和冒险淘金的商人，就此别过亲友后，谁也不知道什么时候才能再度相聚。于是泪水、担忧、期待、人生无常的情绪在人随舟远、离别泪急之际奔涌而来，一首首伤别的诗歌，让滔滔渭河流水与一种感物伤怀、多愁善感的人间情怀融合在一起，成为中国历代文人的普遍情感。

我们不知道王维与那位叫元二的故交交情到底有多深，更不知道元二为什么被从都城长安派到河西走

❶ 作者运用引用的修辞手法，介绍了渭河渡口水上交通枢纽地位的重要性，使得咸阳古渡有了厚重的文化内涵。

❷ 作者运用细腻的笔触刻画了各种各样的人在渭河岸上、咸阳渡口分手的离愁别绪，让读者从字面上都能体会到作者的心情。

❶ 王维的《送元二使安西》将渭城的雨后美景刻画得非常细腻，历经千年传诵而不衰。

廊深处的安西，是发配？还是犯了什么错误被贬黜[1]？好像研究王维的专家也弄不清楚。① 但就是那首将本来沐浴了一场潇潇春雨后，花红柳绿、清新宜人的渭城美景写得那么让人断肠的《送元二使安西》，让我们感受到的是曾经为周秦汉唐都城带来无尽繁华的渭河，一旦与个人和时代命运联系到一块儿时所暗含的无限惆怅与不尽忧伤："渭城朝雨浥轻尘，客舍青青柳色新。劝君更尽一杯酒，西出阳关无故人。"

公元 759 年 7 月，官已经做到尽头的杜甫辞去华州司功参军之职溯渭河而上，从宝鸡境内越过陇山，到达渭河上游当时被称作秦州的天水，开始了他一生最后一次漫游和流浪。那时的杜甫，已经走到他一生最艰难的关口。贫病交加，衣食无着，前路茫然，让杜甫身心疲惫，于是对着那时候虽然清澈见底，但已经被杜甫前面的唐代诗人塑造成忧伤、愁苦意象的渭河，这位从理想的云端落到人间的大诗人发出了"旅泊穷清渭，长吟望浊泾。羽书还似急，烽火未全停。师老资残寇，戎生及近坰。忠臣辞愤激，烈士涕飘零"（《秦州见敕目，薛三璩授司议郎，毕四曜除监察，与二子有故，远喜迁官，兼述索居，凡三十韵》）的感叹。同样，一生命运多舛、饱经艰难的温庭筠面对渭河，

---

[1] 贬黜：指被降低职务或者被罢免官职。

在讽刺姜子牙隐居垂钓渭水之上其实是沽名钓誉的时候，也忘不了生发出"目极云霄思浩然，风帆一片水连天"的苍茫浩叹。①唐代诗人赋予渭河的这种文人情绪，甚至一直传染到了宋元明清："长天一色渡中流，如雪芦花载满舟。江上太公何处去，烟波依旧汉时秋。"（清·朱集义《渭阳古渡》）

与咸阳古渡相对应的灞桥，是长安城出入渭河的又一处水上交通要冲。

灞水古代叫滋水。公元前623年，秦穆公采用由余的作战方案，沿渭河西进，越过陇山，消灭盘踞在渭河上游天水、清水及其以西的绵诸戎、翟戎、绲戎，又挥戈北上，赶走岐山以北的义渠戎、大荔戎、乌氏戎、朐衍戎，"益国十二，开地千里，遂霸西戎"，成为以渭河流域为中心，名副其实的西部霸主。②这位雄心勃勃的秦国第一代开疆拓土的国君，为了纪念自己称霸渭河流域的功绩，将滋水改名为灞水，并在这里建起我国最古老的石柱墩桥。汉代，人们又在秦穆公修建的基础上对原桥进行改造，形成了后来的木梁石柱墩桥。由于灞桥处在出入长安东面和南面要塞的必经之路上，灞桥也就成了渭河上另一处迎来送往、写满离愁别绪的地方。

在西安市区无限膨胀的今天，要寻找灞桥遗迹，并非易事。如果执意要体味一番当年古灞桥烟柳迷离

❶ 那时的渭河，芦苇摇曳，波光粼粼，这种原生态的风景有着独特而深厚的历史底蕴，激发了文人无边的情思。

❷ 作者带着崇敬的心情简要介绍了灞水的来历，体现了丰厚的人文修养。

的意境，只有循白鹿原流下来的灞河，朝长安城北渭河流经的方向，在半坡村村东北灞桥街道办事处的附近新建的灞河桥上仔细辨认。虽然过往车辆仍然行走在汉代灞桥遗址上，但原来的七十二桥孔和四百零八根石柱已经无迹可觅。尽管西安城的建设者正在试图恢复灞河两岸烟柳长堤的自然景观，但物是人非，时光流逝，盛唐长安春晓之际渭水新柳、和风曼舞、飞絮如雪的诗情意境，即便再栽上多少随风荡漾的杨柳，恐怕也已经难以找回来了。

灞河从灞桥下流过之后要进入渭河，尚有一些路程要走。盛唐时期，长安城还没有延伸到白鹿原和铜人原跟前，长安城北流经的渭河又过于波涛汹涌，①所以这座横跨灞水上的灞桥，也就成了从长安向南，经蓝田县的蓝关翻秦岭进入陕南、四川、重庆，向东出潼关和函谷关到达山西、河南的必经之地。秦汉以来，灞桥上走过了太多对中国历史产生重大影响的人物：公元前227年，荆轲和高渐离易水相别后，从这里走进咸阳宫，实施他们蓄谋已久的刺杀嬴政的计划；公元前206年，刘邦经灞桥进入咸阳之际，秦王子婴素车白马，"衔璧迎降于轵道旁"，准备向大秦帝国的送终者交还那只象征皇权的玉玺；公元880年岁末，大唐将军张直方带领文武官员到灞桥，将黄巢义军迎请进长安城，为大唐盛世画上了一个凄婉的句号……

> ❶ 灞桥具有得天独厚的地理优势，注定了它与生俱来的不平凡。

至于频繁出入长安城的达官显贵、来往于长安与华清池之间的杨贵妃，更是灞桥上的常客。他们或素衣简行，或豪辇仪仗，朝着长安城，或者从长安城朝着通往别处的另一个梦乡匆匆而去。① 只有更多今夕作别，不知何日相见，命运悬浮如断线风筝的普通人，以及像李白、江淹之辈多愁善感的诗人，在将相依为命的亲人或者心心相印的至交好友送到灞桥，不得不牵衣拱手、挥泪相别的时候，才会发出人生无常、别情伤人的慨叹。

大概是唐朝前往灞桥送别亲友的人太多，堆积在灞桥上的离愁别绪太多的缘故吧，官府还在灞桥上建立了驿站，供那些依依惜别的人们在离开都城长安的最后一站敞开胸怀，把酒话别。

唐代，长安城到灞桥有 30 里路程。辞别长安亲友，清晨从长安城出来，一路或乘车或骑马到了灞桥，不得不劝送行的人留住脚步，远行者将从此或孤身一人，或携家带口继续他的旅程了。② 这时，不忍别离的送行者就会在灞桥驿站温一壶小酒，要两碟小菜，双手相握，泪眼相对，依依惜别，甚至别情难忍地再三挽留亲友"初程莫早发，且宿灞桥头"（岑参）。但送君千里，终有一别，最后的衷肠、最后的劝诫和倾诉，这一刻也就在这感伤别离的酒杯里了。《全唐诗》里写到灞桥和灞陵的诗歌多达一百一十四首之多，③其

❶ 千年灞桥，见证了世态炎凉、百年沧桑的轮回；见证了送君千里终须一别的痛苦和心伤。作者运用了比喻的修辞手法，生动地突出了普通人命运的多舛。

❷ 灞桥，多少人送别的泪水淌进了灞河。灞桥成为中华民族送别文化的符号，岑参等诗人均在此留下了浓墨重彩的一笔。

❸ 这首诗通过萧声、秦楼、杨柳、灞陵、古道、西风、残照等意象，构成苍凉萧瑟的景象，并向历史和现实扩展，因而给人以世事渺茫之感。

中半数以上是写灞桥送别的别离诗，而最将灞桥离别描写得让人黯然神伤的，还是一生追求潇洒度日月的李白："箫声咽，秦娥梦断秦楼月。秦楼月，年年柳色，灞陵伤别。乐游原上清秋节，咸阳古道音尘绝。音尘绝，西风残照，汉家陵阙。"（《忆秦娥·箫声咽》）

早年老师讲解《忆秦娥·箫声咽》时说，这首词写的是一位生活在长安的绝色女子思念爱人的痛苦心情。那么这女子是谁呢？这女子与李白又有什么关系呢？如果这位美女与李白没有任何关系，作者何以能够将这种离情写得如此催人泪下呢？

《忆秦娥·箫声咽》除了将灞桥伤别情绪写得如此凄清外，隐含在让人黯然神伤诗句里的男女私情，也许只有李白自己知道。

灞桥飞雪曾经是关中一景。那飞雪其实不是雪花，而是阳春三月灞河两岸飞扬的柳絮。从汉代开始，灞河两岸就栽有不少垂柳。这依依杨柳，似别离者依依惜别的情绪，又似送别者和远行人犹豫不决的脚步下飘忽不定的裙袂。于是将游子、亲友和心爱的人送到灞桥上，最后一杯送别酒也饮了，相拥相抱，执手惜别的泪也流干了，还有一种自古以来就在灞桥上一次又一次上演的送别仪式要在这里举行："杨柳含烟灞岸春，年年攀折为行人。好风若借低枝便，莫遣青丝扫路尘。"（李益《途中寄李二》）灞桥折柳，也就成了灞桥送别的最后一幕：送别者顺手折一枝杨柳枝赠给对方，一方面寄托依依惜别的情意，一方面也希望远行人无论走到天涯海角，都不要忘记在长安度过的美好时光，更不要忘记他们共同洒落在灞桥上的离别泪水！还有如李商隐"为报行人休尽折，半留相送半留归"（《杨柳枝》）的多情者，要将杨柳枝折断，一半送给离人，一半留给自己，期待来日早一点儿相见。

长安城外落英缤纷的渭河秋景，咸阳古渡烟花迷蒙的春水码头，以及灞桥两岸杨柳依依、飞絮如雪的自然景观中包含的断肠人在天涯的离愁别绪，经那么多盛唐诗人不断咏叹、演绎，成为萦绕在中国民间心灵和中国传统文化精神深处剪不断、理还乱的感伤情绪。而对于由渭河这种文化心态所造就的中国传统文化精神意象来说，这种离愁别绪所诉说的游子情、离别泪，其实是中国传统文化对亲情、友情、爱情的确认和依恋：

> 城阙辅三秦，风烟望五津。
>
> 与君离别意，同是宦游人。
>
> 海内存知己，天涯若比邻。
>
> 无为在歧路，儿女共沾巾。
>
> ——王勃《送杜少府之任蜀州》

延伸思考

1. 请赏析贾岛的名句"秋风吹渭水，落叶满长安"。

_____

_____

2.《送杜少府之任蜀州》表现了诗人怎样的思想感情?

_____

_____

昆明池笔记

名师导读 ▶

　　昆明池从周代开始就是中国历史上最大的人工湖，在汉唐时期达到极盛，前前后后存在了950多年。这里景色宜人，其厚重的历史文化让人流连忘返。2000多年前，汉武大帝眷恋彩云之南的滇池，便在西安复制了其美景，于是秦汉大地上又多了一个闻名遐迩的闪耀明珠，给西北边陲增添了非凡的景观，泽被后世。

初识昆明池

　　①与湮没古长安城郊两千多年的中国古代最大人工湖、中国历史上第一座水军训练基地——昆明池相遇，是在2011年一个秋高气爽的日子。

　　这年秋天，为追寻孕育了周秦汉唐绝代风华的陕西人民母亲河——渭河的文化精神，我从甘肃天水出

❶ 开宗明义。作者在文章的开头即交代了昆明池的历史、功能，激起了读者的兴趣，使人对昆明池产生了无限遐想。

发，经渭源鸟鼠山、翻六盘山，追逐着泾河滚滚浊浪翻山越岭，从渭北黄土高原周秦故地进入西安近郊时，关中平原腹地稼穑成熟、秋意正酣。穿过如今已高楼林立、成为西咸新区核心腹地的三桥，进入紧依着终南山的长安区马王镇、斗门镇一带，便是周人立国以来第一个真正意义上的都城丰京和镐京旧址——丰镐遗址。

❶ 西安、咸阳，都是中国历史上有名的古都。作者运用比喻的修辞手法，叙述了两者的发展变化和历史变迁。

① 五六年前，西咸新区尚未启动，但丛林般蔓延的高楼让西安和咸阳这两座千年古都之间的界限愈来愈模糊，如果不是泾渭分明处渭水泾河两水相汇，一清一浊的自然奇观提示，从紧逼渭河与泾河岸边的高楼丛林里人们已经很难分辨出哪儿是西安，哪儿是咸阳了。不过，有古长安八水之一的沣河、镐河、潏河由南向北绕西安城汇入渭河的长安区马王镇、斗门镇沣东新城一带，那时还是一片长满玉米的沃野。

距今三千多年前，这片南毗秦岭、北望渭河、川原相依、河湖交错地带，是周人自岐山、扶风一带壮大起来顺势东进，图谋天下的京畿之地——丰京城和镐京城所在地。寻访过分别在沣河西岸和东岸的镐京遗址和丰京遗址，从密不透风的玉米林穿过那一刻，我尚不知道我双脚叩问的泥土下面，沉睡着汉武帝开凿的总面积相当于 4 个西湖的水乡泽国——昆明池。

一座供奉中国民间爱情女神织女石刻头像的石婆

婆庙出现，将两千多年前一座水波浩渺，楼船游弋，戈船穿梭，似云汉之无涯的灵沼神池推到了我面前。

斗门镇东玉米林深处，关中乡下常见的那种大红大绿、色彩酷似户县农民画的庙宇香烟缭绕，端坐在正殿中央的不是佛教菩萨，也不是道教神仙，而是一尊披红挂彩的半身石雕女神像。石雕雄浑圆润，刀法粗犷刚健，尽管岁月侵蚀让石雕线条显得有些模糊，但写意刀法勾勒的面部轮廓依然清晰可辨。

守庙的两位老妇人坐在殿前树荫下绣花聊天，见我行色匆匆且看得仔细而好奇，其中一位便停下手里的针线介绍说，石婆婆庙最早建于汉武帝时期。① 这庙是新修的，这石像就是民间传说中的织女，石婆婆庙东面还有座石爷爷庙，供的是牛郎，它们都是20世纪80年代从庙前庄稼地里发现的。那妇人还说，长安区斗门镇一带是牛郎织女传说发源地。为了证明她的观点，还领我走进侧殿，指着一张被装扮成闺阁绣床的石板床说，这是牛郎织女的床榻，也是从昆明池湖底淤泥里发现的。石床一侧，还有同时出土的一只石鲸尾巴。

② 临出门，另一老妇人扬手指着庙门外玉米地画了一圈，说这里就是汉武帝时期长安城的昆明池。以前沣河水很大，昆明池水面也很大。石婆婆庙在昆明池西岸，石爷爷庙在昆明池东岸。石婆婆庙内新修石

① 牛郎织女的神话故事早已深入每个中国人的内心，寄托着人们对美好爱情的向往。作为七夕文化的发祥地，昆明池自然承载着文化传播的历史责任。

② 汉武大帝时期是中国最鼎盛的时期之一，亭台楼阁，鱼翔浅底，历史沧桑，当年美不胜收的昆明池竟然变成了玉米地，令人不胜唏嘘。

婆婆庙碑文也说，石婆婆庙为汉武帝元狩三年（公元前120年）所建，是当年汉武帝开凿、训练楼船水师的中国历史上第一大人工湖——昆明池林苑宫馆建筑组成部分。

告别石婆婆庙，继续在玉米林穿行，我怎么都无法将脚下这片长满庄稼的平畴沃野与一座水波浩渺、舟楫穿梭的平原湖泊联系起来。后来查阅史料才知道，在今西咸新区沣东新城所在沣水与潏水之间，历史上曾经有过一座烟波浩渺、前后延续一千多年繁华的汉唐皇家池苑，就是水域面积三百余公顷、相当于4个西湖的昆明池。① 《三辅旧事》记述汉武帝开掘的昆明池时说"昆明池周三百三十二顷，中有戈船各数十、楼船百艘，船上建戈矛，四角悉垂幡旄葆麾，盖照烛涯涘"，是中国古代水军摇篮。不过更多时候，这座处在汉长安城、秦阿房宫与西周都城丰京、镐京之间的水域泽国，则是汉唐皇家宫苑和八水绕长安盛景的滋润者、见证者。

时隔六年，一个春雨蒙蒙的午后，再次来到西安市西南沣河东岸斗门镇、马王镇所在的昆明池旧址时，沣东新城蓬勃崛起的楼群已经蔓延到曾经遍地庄稼的沣河东岸，作为引汉济渭核心工程的斗门水库工程初具雏形。② 由秦岭南麓汉中境内黄金峡穿山越岭而至的汉江水，在昆明池原址形成的800亩水面碧波荡漾，

① 作者运用了引用的修辞手法，告诉我们眼前这块玉米地就是当年水域广阔、楼船百艘、大名鼎鼎的昆明池，增加了文章的可信度。

② 始建于汉武大帝时期的中国古代最大的人工湖，从宋代消逝之后又过了一千多年，终于在"一带一路""丝绸之路"的发展倡议的驱动下焕发了青春。

画舫亭榭，桃红柳绿，潋滟生辉。陪同的沣东新城管委会同志告诉我，昆明池消逝于宋代。汉唐时期，昆明池不仅是林泉俱佳的皇家林苑，还是汉唐长安城城市用水保障地。近年来，为实施一带一路和丝绸之路经济带起点发展倡议，为建设中的大西安提供充裕水利支持，陕西省委、省政府决定借助引汉济渭工程，利用昆明池旧址低洼库盆遗存和该区域土壤天然防渗地质条件，在昆明池原址建设昆明池遗址公园，重现汉唐盛世昆明池水波荡漾、兰棹摇曳的盛景。昆明池遗址公园核心工程——斗门水库一期，2017 年 2 月已经完成注水试验。

　　漫步花木扶疏、曲径通幽的环湖路，沣东新城管委会同志说："规划中的斗门水库总面积 10.4 平方公里，总库容 4600 万立方米，相当于 4 个西湖。届时，昆明池将重现'汪汪积水光连空，重叠细纹晴漾红'的风采。① 一座湖堰相通、水波浩荡的湖畔新城将崛起在昆明池故地，消逝一千多年的'八水润长安'盛景，将重现十六朝古都、古丝绸之路起点西安。"

灵沼神池

　　大唐开元年一个芳草青翠的春日，宰相张嘉贞和尚书省同僚陪唐玄宗到昆明池赏春宴饮，面对水波浩荡、杨柳依依的昆明池，张嘉贞在记述这次游宴活动

❶ 传统的布局必然随着经济的高速发展而转型，作为十六朝古都特有的文化底蕴必然贯穿于城市的发展进程之中。

的应制诗《恩敕尚书省僚宴昆明池应制》里写道：

灵沼初开汉，神池旧浴尧。昔人徒习武，明代此闻韶。地脉山川胜，天恩雨露饶。时光牵利舸，春淑覆柔条。芳酝醒千日，华笺落九霄。幸承欢赉重，不觉醉归遥。

❶ 作者引用唐玄宗来昆明池游宴、张嘉贞作诗，既有故事情节，又有美文相伴，引人入胜，自然地引出下文。

在诗星璀璨的大唐盛世，张嘉贞算不上有影响的大诗人，但《恩敕尚书省僚宴昆明池应制》却是这位大唐名相入选《全唐诗》仅有三首诗之一。[①] 这首唐玄宗命题，张嘉贞受命创作的应制诗，描述的是汉武帝开掘昆明池一千年后的水景风物，却为后人探寻昆明池古老身世提供了一条重要线索。这线索，就是昆明池的另一个称谓"灵沼神池"。

历史上水波浩荡、宫馆弥望、水域面积纵横 300 里的昆明池，早在公元前 120 年已经出现在汉长安城龙首原西南沣水和潏水之间。然而，第一个探寻昆明池神秘身世的文人，却是中国历史上第一帅哥、西晋文学家潘安。潘安，原名潘岳，字安仁。[②] 潘安在《关中记》里说："昆明（池），汉武帝习水战也。中有灵沼神池，云尧时理水讫，停船此池，盖尧时已有沣池，汉代因而深广耳。"

❷ 潘安，西晋著名文学家、政治家，古代四大美男子之首，容貌俊美，才智聪慧，是河南中牟人，是他揭开了昆明池神秘的面纱，让读者了解到了昆明池的前世。

潘安所谓昆明池里有"灵沼神池"、尧帝大禹治水时曾在此泊船休息的说法,应该是来源于《三秦记》。《三秦记》是记述汉代三秦故地长安一带山川地理、都邑宫馆、风物民俗的早期地方志书,为汉代辛氏所著。根据其中记述的许多稀奇古怪的怪异故事断定,[①]《三秦记》许多素材来自民间传说。其中有关昆明池里有灵沼神池和汉武帝开凿昆明池的描述,就充满神秘色彩。

《三秦记》说,昆明池里有灵沼,名曰神池,尧帝治水时曾停船于此。还说昆明池之水与秦岭北麓的白鹿原相通,原因是有人在白鹿原钓鱼,鱼拉断鱼线,带着鱼钩从白鹿原逃到了昆明池。而这神奇故事的见证者,正是昆明池的开凿者汉武帝。《三秦记》说,一天夜里,汉武帝做了一个梦。梦中,一条鱼嘴上挂着鱼钩鱼线,说它从白鹿原一位钓鱼人手中死里逃生,祈求汉武帝将它嘴上的鱼钩鱼线取掉。第二天,汉武帝到后来成为昆明池一部分的西周池苑镐池游玩,果然发现一条体形巨大的鱼嘴上挂着鱼钩和鱼线在水中痛苦挣扎。汉武帝见状,回想起刚刚经历的梦境,觉得甚为神奇,立即命人去掉鱼嘴上的钩和线,将大鱼放生。[②]几天后再次到此,汉武帝在池边得到一对夜明珠,惊喜过望,认为这是放生大鱼给他的回报。为了纪念这次奇遇,汉武帝修造昆明池时分别在昆明池和太液池置放了两条长达三丈的石鲸造像。

据介绍,太液池石鲸前半部分收藏在陕西历史博

❶ 作者引用《三秦记》尧帝大禹治水停船的传说,给昆明池增添了神秘色彩,更显其历史悠久。

❷ 在《三秦记》里记述的放生大鱼的故事,代表着中国人重情重义的良好品质和因果报应的传统理念,影响久远。

145

物馆；石鲸尾部，就是我在石婆婆庙见过的那一截。历经两千多年风雨侵蚀，让石婆婆庙那截鲸尾鳞纹有些模糊，但大汉雄风孕育的刀法简洁、造型粗犷的艺术风格依然清晰。

① 汉武帝兴建昆明池的起因，自然与这场难辨真伪的奇梦奇遇没有多少直接联系，但《三秦记》和潘安都像煞有其事地追溯昆明池与尧帝大禹的关系，显然不是猎奇，而是为了证实昆明池古老神奇的身世。后来的《搜神记》里说，汉武帝开凿昆明池挖到很深的地方，尽是黑如墨迹的堆积物，却不见泥土。这一发现让汉武帝和当时的东方第一智者东方朔十分惊异，却无人识辨此灰墨为何物。直到距汉武帝开凿昆明池180多年的汉明帝时期，来自西域的僧人才将昆明池底发现的灰墨谜底揭开。西域僧人在仔细辨认这些从西汉保存到东汉的灰墨结块后告诉汉明帝说："此乃世界毁灭之际大火燃烧留下的灰烬。"

如果《三秦记》和《搜神记》所述真有其事的话，我们就可以确定，汉武帝开凿昆明池发现的灰墨，应该是后来考古学界确认是否有人类文明存在最可靠的依据——灰土层。这似乎又从另一个方面证明了大禹治水期间曾停船于昆明池原址传说的可信性——② 既然汉武帝在昆明池很深的地方发现了人类生活的遗迹灰土层，那么是不是可以说在华夏文明混沌初启的夏

❶ 汉武帝修建昆明池的根本目的是训练水军，征服西南边陲的昆明国。《三秦记》和潘安赋予昆明池古老而神奇的前世，为汉武帝开疆拓土征服昆明提供了重要的封建迷信依据。

❷ 西安位于黄河流域的关中平原，气候湿润，植被茂密，水源充足，是安居乐业的理想之所，此处发现的蓝田猿人早在距今115万～65万年前就在此居住。

商时代，沣东新城所在的斗门镇、马王镇一带已经有一群临水而居、渔猎为生的先民在这里繁衍生息呢？

从民国时代开始，围绕汉昆明池的考古揭秘工作一直没有中断。2016 年，陕西省阿房宫和上林苑考古队考古人员在对昆明池面积与深度进行再次勘探研究时，在斗门水库库区发现了灰坑和文化堆积层出土。北京大学碳十四实验室对从昆明池原址采集的人、兽骨骼标本进行测定后得出的结论也证明，^①在关中其他地区荒无人迹、还是一片荒寂的夏朝和商代早期，昆明池所在的沣东新城一带已经人声熙攘、灯火明灭了，是关中先民栖息的乐园。汉武帝开凿昆明池出现大量灰土的地方，正是西周镐京城所在地。

与正在兴建的斗门水库和昆明池遗址公园隔沣河相望，是三千多年前周人到达渭河南岸后第一个首都——丰京遗址，往北和东北，依次有西周镐京城、秦阿房宫和汉长安城在距今两三千年前相继崛起。

商代末年，从渭河北岸周原渐次东进的周人来到沣河西岸，将宗庙和王室苑囿安置在丰京后随即又越过沣河，在沣河东岸建立了镐京城，周人将围绕沣河而建、护佑西周近三百年的两座都城合称丰镐，且分别以一个专用于统治者建都之地称谓的名词"京"字，命名他们的精神首都和政治首都——丰京、镐京。中国历史上一个全新的政治地域概念——"京都""京城"

❶ 镐京，在沣水东岸，是西周的都城，周武王灭商之后迁都于此。此次考古挖掘证明了西安是中国建都历史最长、朝代最多、影响力最大的古都，也是中国历史上最辉煌的篇章。

由此诞生。

三千多年前的镐京城内，就有一座水波潋滟、后来与昆明池池水相通的池苑——镐池。我们不知道镐京城里的镐池是不是当年大禹停泊过的灵沼神池，不过从考古研究得出的结论看，有沣水和滈水环绕，又有众多湖沼镶嵌其中的丰京城和镐京城，无论建筑形制还是建筑规模，都堪称中国历史上第一座真正意义上的城市。

① 根据《诗经》"考卜维王，宅是镐京"记述可知，周文王选择丰镐之地建都，绝非一时冲动，而是经过占卜问卦，得到了神明指示。

果然，周人占据丰镐之地后迅速成长为让统治中原500多年的殷商王朝视为大患的西方大国。② 公元前1046年，在镐池水波映照中，周武王抬着父亲周文王灵柩，以姜尚为主帅，统帅兵车三百乘、虎贲三千名、甲士四万五千人，从镐京挥戈东进，联合诸侯各国展开诛灭商纣的大决战——牧野之战。

公元前1020年十二月某一天清早，一队车马告别寒意渐浓的西周都城镐京，朝东都洛邑匆匆而去。端坐车辇中央的一位白发皓首的老者，是周武王弟弟，著名政治家、军事家、思想家周公旦。周武王去世后，周公旦辅佐周成王推翻商纣王朝统治，东至大海、南及江淮的辽阔土地，已尽归坐镇丰镐之地的西周版图。

❶ 早在殷商时期人们就运用龟甲、兽骨进行占卜。商朝灭亡，周人依然在祭祀、建房、建都前占卜预测吉凶。

❷ 牧野之战前，周武王进行了占卜宣誓，公布了商纣王的六大罪状。牧野之战终止了商朝六百年统治，为西周礼乐文明的兴盛开辟了道路。

为了适应新的形势，周公旦部署的东都——成周洛邑也已建成。这次，周公旦从宗周丰镐出发，前往洛邑的任务除册封诸侯、封赏诛灭商纣有功之臣外，还有一项更为重要的工作，就是向天下诸侯颁发他筹谋已久的各种典章制度——礼乐大典，推行礼乐治国。

礼乐制度看似是规范人们日常生活的行为规范，实则是一种以人为本的政治管理制度。礼乐制度颁布实施是在东都洛邑，然而这种最终影响并造就了中国成为礼仪之邦的文明规范体系的萌发、形成，则是在后来由为辅助年幼的周成王"一饭三吐哺"的周公完成的。

① 为了推行礼乐治国之道，周公旦还在镐京城内设立了当时世界上最早、规模最大的音乐教育和表演机构——大乐司，选拔诸侯长子、公卿大夫子弟和民间优秀青年培养学习，学成后派遣各地，向全国推广礼乐教育。

西周都城东迁洛邑后，依然河湖交叉、水波盈盈的丰镐之地并不寂寞。伴随秦阿房宫在镐京城东侧崛起，这里又成为秦皇家林苑上林苑的核心。当时的上林苑林木葱郁，河湖环绕，恰似仙境。一生都想得道成仙的秦始皇仿照蓬莱、方丈、瀛洲海上仙山的样子挖池筑山，建造了三座他想象中的海上仙山。

历经周秦两朝，后来有昆明池出现的莽莽秦岭山

❶ 中国被称为礼仪之邦，中华礼仪发源于周朝，我国古代的礼仪在周朝已经基本成形了。

149

下的这片河汉地带，正在孕育着一个人水合一、水脉担当的崭新形象。

楼船笙鼓

公元前202年十二月，持续三年的楚汉战争以刘邦胜利宣告结束。

① 夺取政权后，刘邦最初准备以东周都城洛邑为国都，后经张良、娄敬劝说才改变了主意。张良和娄敬劝说刘邦建都长安最有说服力的论据，就是关中不仅沃野千里、物产丰富，更重要的是拥有"被山带河，四塞以为固"的军事地理优势。这里的山，指的是关中屏障大秦岭，水指的是渭河及其众多支流——其中自然包括发源于秦岭山区的沣河、潏河、滈河等长安八水。

② 萧何接受汉高祖刘邦诏令，将新建的汉长安城都城城址定在现西安城西未央区的龙首原。这里不仅是渭河南岸难得的一块台塬，而且北邻渭河、泾河，南面有密如蛛网的渭河支流奔涌而来，无论地理位置还是风水地脉，都堪称可保大汉江山长治久安的风水宝地。果然，刘邦定都长安后，经文、景两代皇帝苦心经营和雄才大略的汉武帝刘彻开疆拓土，一个气象万千、威仪凛然的西汉帝国庞然身影巍然出现在世界的东方。

❶ 关中，指函谷关、散关、武关、萧关四关之内的平原地区、富庶之地，四关地势险要，易守难攻。张良据此劝说刘邦定都长安，乃上上之策。

❷ 皇权天授，定万世基业，定都是极其重要的事，讲究风水布局。西汉长安城引渭水贯都，以像天汉，自然是上佳的风水宝地。

汉武帝元狩三年（公元前 120 年），奉命出使西域的大汉使臣张骞已经回到长安；以河西之战两战两捷为标志，西汉帝国全面掌握了丝绸之路控制权；从根本上清除匈奴边患的漠北大决战战机成熟，开战在即。在胸怀雄才大略的汉武帝苦心经营下，西汉帝国疆土已经拓展到东抵日本海、黄海、东海、朝鲜半岛中北部，北逾阴山，西至中亚，西南至高黎贡山、哀牢山，南至越南中部和南海的广大地区。然而，就在一个威震四海的强大帝国巍然出现在世界东方之际，汉武帝试图打通经西南抵达印度和阿富汗的计划却在昆明国受阻，这无异于对已经做好四海朝服准备的汉武帝迎头一击。

汉武帝对远在万里之遥的印度（时称身毒）和阿富汗（时称大夏）发生兴趣，缘于张骞第一次出使西域归来后告诉刘彻说，他在印度和阿富汗见到过产自西汉蜀地的布匹和邛崃的竹制手杖。这一消息让急于与西方世界建立联系的汉武帝预感到，在汉帝国西南，有可能存在一条通往西亚的商道，立即派使臣出使印度。未曾想到的是西汉使臣到了昆明，却被西汉初年摆脱北方统治、建立少数民族割据政权的昆明国阻止。

这时的汉武帝已经是名副其实的东方世界主宰，对于昆明国的阻挠与藐视，自然不能容忍。① 这位后来被孙中山拿来与拿破仑相提并论的西汉大帝当即决

❶ 作者运用类比的修辞手法，刻画出汉武大帝的雄才大略和威震四夷的雷霆手段，展示了汉武大帝的非凡魅力以及为华夏作出的巨大贡献。

定，他要像远征大宛、车师、龟兹一样剪灭昆明国，开通另一条从西南通往南亚的丝绸之路。

为了打通这条国际通道，汉武帝萌生了在长安开凿一座人工湖、训练大汉帝国强大水师的想法。

此前，无功而归的使臣告诉汉武帝，昆明国有一座方圆300里的滇池，训练的水兵非常厉害，要诛灭昆明国，必须依靠强大的水师。汉武帝也十分清楚，秦国在诛灭东方六国时曾拥有一支训练有素的楼船水师，并在诛灭楚国及南粤诸国中发挥了重要作用。为了清除昆明国，也为了保持东方世界领导者地位，大汉帝国迫切需要建立一支强大的水上作战部队。产生这想法的那一刻，汉武帝目光已经锁定了上林苑南沣水与滈水之间一片荆莽丛生、天然湖泊和池沼星罗棋布的洼地——这里也是西周滮池故地、秦上林苑旧址。

西汉立国之初，文、景两代倡导休养生息、勤俭治国，秦上林苑一度被荒废，西汉皇帝只有在心有闲暇时才到这里游猎取乐。到了汉武帝时代，祖父汉文帝和父亲汉景帝积攒的财力不仅可以保障他为开疆拓土连年用兵，国库里堆积如山的财富也让他有足够的信心重塑帝国形象。

此前，汉武帝已经着手在这里扩建宫殿、疏浚湖沼，八水环绕、纵横三百里的汉上林苑初具规模。但南依秦岭的上林苑南湖沼闪烁的西周灵沼一带依然一片沉寂，等待汉武帝再一次舒展他的雄才大略。

①动工之前，汉武帝对昆明池的定位非常明确——仿照天上银河和滇池模样，建设一个大汉水师部队训练基地，为帝国培养强大水师，并且将这个为剪灭昆明国而修建的大汉水军基地，命名为昆明池。汉武帝还要求，昆明池水面面积要超过滇池。据史书记载，当时滇池方圆 300 里，而汉武帝建成后的昆明池水域面积 320 顷，地点就在现长安区斗门镇沣东新城南。

元狩三年（公元前 120 年），由从陇西、北地调来的戍边士卒和被贬谪官员组成的昆明池开凿大军进驻龙首原下沣水、潏水之间上林苑南的湖沼之地，开始修筑昆明池。汉武帝选择在斗门一带开凿昆明池，看中的正是这里地势低洼，湖沼密布，南有莽莽秦岭提供丰富水源的地理优势。

汉武帝开凿昆明湖的具体细节，史书上记述极为简略。但从各种零星史料可知，昆明池分两次、历时三年修建而成。②从诸多史料来看，元狩三年（公元前 120 年）开工的昆明池一期工程，更像是对荒废已久的周秦池沼和众多天然湖泊的挖凿疏浚改造工程。三年后，与第一次开凿昆明池同步进行的盐铁专营政策让汉武帝国库更加丰盈，西汉朝野也传来南越和东越欲利用水战与朝廷对抗的消息，昆明池二期工程于是开工。昆明池二期工程动工时，为荡平昆明国，讨

❶ 昆明池修建于汉武帝，当时昆明国时不时在西南边境制造摩擦，妨碍大汉和印度及阿富汗的联系。昆明池的修建及大汉的练兵为灭掉滇国埋下了深厚的实力基础。

❷ 昆明池的开凿，不是想象中的那么容易，需要对已经荒废已久的池沼、湖泊进行疏浚、改造，汉武大帝征服昆明国的决心由此可见一斑。

伐南越和东越训练强大水师，为大汉帝国占据河海控制权建造强大水军基地的想法，在汉武帝心中愈加坚定。

开始于元鼎元年（公元前116年）的昆明池二期工程，到元鼎二年（公元前115年）完工。这一次，昆明池修筑大军不仅砍树伐荆、凿池拓展、疏通渠道，将沣水、潏水、滴水引入池中，形成了浩浩荡荡，总面积320公顷的湖面，还让昆明池与上林苑池沼相通，并在周围修建了建章宫、豫章台等一系列宫苑建筑。

① 三年后，一座水天相连、烟波浩渺、宫苑环绕，令人叹为观止的我国古代第一大人工湖赫然出现在长安城西南。昆明池320顷湖水与林水俱茂、宫馆林立的上林苑遥相辉映，不仅为长安城又添一处皇亲贵族趋之若鹜的游乐盛景，西汉帝国一支强大水军也即将在这里诞生。

既然汉武帝开凿昆明池的目的是为帝国打造一支训练有素、装备精良的水战部队，昆明池建成后最先登台亮相的自然是大汉水师部队。《三辅旧事》记述昆明池战船云集盛况时说："（昆明池）中有戈船各数十，楼船百艘，船上建戈矛。"

② 《汉书·食货志》也说，当时昆明池停泊的"治楼船，高十余丈，旗帜加其上，甚壮"。昆明池来往穿梭的战船上，是披甲执利、摇橹挥桨的大汉水兵。他

❶ 功夫不负有心人。在汉武大帝的推动之下，昆明池这座中国古代第一大人工湖赫然出现，即将扫除通往印度、阿富汗路上的绊脚石。

❷ 汉武大帝可能连自己都没有想到无意之中创下了海军的中国第一！昆明池变成了汉武大帝的尚武之地，为荡平昆明国奠定了军事基础。

们将成为自轩辕黄帝以来中国历史上第一支具有独立水上作战能力的新军种——中国海军的前身楼船水师。

要拥有一支强大的水师部队，还需要装备精良的战船。

西汉时期，我国造船技术已经非常发达，昆明池西汉水军基地的建立，让汉武帝时期的造船技术进一步提升。当时的汉军拥有动辄就能集中两千艘战舰的强大水师，其中不仅有楼船、戈船等可用于近海作战的大型战舰，还可以制造出比罗马海军战舰高将近一倍的巨型楼船。①《史记·平准书》记载，汉军当时在昆明池建造的楼船高十余丈。按照当时的计量单位计算，汉军当时制造的楼船高度可达十五米，而罗马海军当时的战船最高也只有八米。除楼船、戈船外，又被称作楼船水师的汉军水师还拥有桥船、斗舰、蒙冲、突冒、先登、赤马舟、下獭、走舸、斥候、龙舟等二十多种不同型号和功能的战船。

昆明池不仅是水军训练基地，同时肩负着制造各种军用战船使命。这些模拟海战训练的楼船水师在昆明池经受严格水战训练后，将驾驶同样诞生于昆明池的各种战船沿漕渠进入渭河，然后驶向江南和大海，与习惯于水上作战的南越国、东越国军队作战。紧随其后的，还有从昆明池驶出的保障军需供给的舟师船队。

❶ 中国造船业已经有悠久的历史，最早可以追溯到春秋时期。作者运用对比的修辞手法，将之与古罗马海军进行对比，突出了汉武帝时期造船业的发达。

❶ 作者连续用了三个"最"，突出了汉武帝在建设海军方面的卓越贡献。汉武帝将海军推向了从未有过的历史新高度，表现了汉武帝的雄才大略。

❷ 大汉的强大海军建立起来，昆明国国王因为畏惧对大汉投降。通往阿富汗、印度的通道已经被打通。

① 昆明池水师基地建成后，汉武帝很快建立起一支无论从装备还是兵员规模、素质和作战能力上都堪称世界上最庞大、最先进、最专业化，具有大规模海军江防和近海海防作战能力的海军舰队——楼船水师部队，它也是中国历史上第一支真正意义上有正规建制的海军部队。后来汉武帝在江淮一带组建的富于水上作战的 10 万水师常备兵员，也是在昆明池完成训练后才派往江南的，昆明池因此成为中国海军诞生的摇篮。

② 大抵是忌惮汉武帝在昆明池组建的楼船水师强大威力的缘故吧，西汉楼船水师组建后，昆明国和西汉之间的水战并没有打起来。昆明池建成 6 年后，昆明国土崩瓦解，变成了西汉王朝一个郡，汉帝国从西南通往缅甸、印度的商道宣告开通。不过，汉武帝在昆明池精心打造的楼船水师并非无用武之地。在平息南越、东越叛乱和征服朝鲜战争中，汉武帝在昆明池打造的楼船水师所向披靡，立下了赫赫战功。

与此同时，作为汉长安城水域面积最大的水景林苑，昆明池建成后成为上林苑核心。据史书记载，每年三四月春暖花开，昆明池碧波荡漾，花木扶疏，汉武帝都会带着后妃宫女，坐着雕梁画栋的游船画舫游弋于昆明池上。当时的昆明池上除了林立的楼船战舰，还有可载万人的游乐船——建章大船供皇室聚会游乐。

汉武帝后，汉帝国向外扩张告一段落，昆明池作为西汉楼船水师基地的作用渐渐丧失，昆明池迅速以另一种风情韵致进入人们视野。湖面上林立的战船被往来穿梭的游船画舫替代，装饰华丽的游船、笙歌燕舞的鼓乐、翩跹起舞的宫女，陪伴着惬意游乐的皇亲贵胄，转身而为长安城最令人销魂陶醉的皇家游乐池苑。

这种状况一直持续到唐代。公元 623 年三月，刚刚建立大唐王朝的唐高祖李渊还专门在昆明池举办盛大宴会，"宴百官，习水战"。此后，李世民、李隆基和他们的宠妃宫女、文人贵族都是昆明池的常客。这种现状，一直持续到唐末，昆明池日趋干涸。

① 公元 1750 年，昆明池消逝 800 多年后，乾隆皇帝在对北京西郊瓮山泊进行疏通扩建时，联想起 1000 多年前汉武帝在西汉都城长安开凿昆明池，遂借用汉昆明池之名，将瓮山泊改名为"昆明湖"。

❶ 汉武帝时期修筑的昆明池影响巨大，尽管昆明池消逝了八百多年，依然对后世产生了重要影响。

长安绿肺

汉武帝元光六年（公元前 129 年），卫青率 1 万铁骑直捣匈奴祭天圣地龙城凯旋之际，一条保障汉长安城生活供给的人工运河——漕渠开凿工程修建犹酣。这条古老运河与渭河平行，从秦岭北麓向东直抵潼关，可沟通黄河水道。

漕渠修浚时昆明池尚未动工，但从昆明池完工后即与漕渠相通并成为这条保障大汉都城物资供应大动脉的漕渠入口来看，利用昆明池和漕渠构筑沟通全国各地直通长安的水运网络，也应该是汉武帝开凿昆明池的目的之一。

自从汉武帝扩建上林苑，引灞、浐、泾、渭、沣、滈、涝、潏八水出入其中后，八水绕长安格局基本形成。但在漕渠开通之前，汉长安城城市规模已经发展至现在西安城城内面积的三倍，城内生活的近50万居民生活保障，特别是已经开始的对匈奴作战急需大量军需物资源源不断集中长安。① 此前，尽管绕长安城北滚滚东流的渭河也可以通航，但由于航线漫长且受河水季节性变化影响明显，从山东通过黄河和渭河向长安运送一趟粮食，运输船要在蜿蜒曲折的河道漂泊六个月。无论从长安城物资供给保障，还是大汉帝国开疆拓土战略需要考虑，正在成长为东方第一大国的汉帝国迫切需要一条方便快捷、畅通无阻的水运航道将帝国心脏长安与全国各地连接在一起。

这是汉武帝在秦岭北麓开凿漕渠的根本目的。

漕渠修浚9年后，汉武帝时期又一重大水利工程——昆明池动工。尽管众多史料记述，汉武帝开凿昆明池的真正目的是训练水师、对付善于水战的昆明国，然而在昆明池与漕渠相通相连，成为漕渠起点和入口后，昆明池对保障长安城物资供应及汉帝国战略

① 出于抗击匈奴、彻底摆脱匈奴骚扰的军事目的，修建漕渠联通全国各地就成为我国历史上的一项重要措施，奠定了后世人工开凿运河的基础。

安全的意义，和其作为西汉水军训练基地的意义同等重要。

　　近些年，考古人员在昆明池东侧发现的昆明渠和漕渠遗迹，正是汉武帝将漕渠和昆明池这两大战略性水利工程融二为一的证据。考古结果证明，昆明渠的开凿年代是汉武帝元狩三年，即公元前120年。也就是说，在汉武帝第一次开凿昆明池时，连接昆明池和漕渠的人工水道——昆明渠同时动工。

　　有沣水、潏水、滈水汇流其中的昆明池与行走在秦岭渭河之间的漕渠相互联通，让漕渠航运通过昆明池延伸至长安城。漕渠也在以昆明池为渠首后，不仅与环绕长安城的另外5条河流渭河、泾河、涝河、浐河、灞河连为一体，直抵潼关，与黄河相通，一条以昆明池为起点，经黄河连接全国的航运大通道也就此形成。[①] 漕渠与昆明池联通后，长安城朝廷文武百官出游巡视、军队调遣外运，只要从昆明池码头上船，即可轻松东进黄河、南下江南；来自江南的稻米丝绸、山东的粮食布匹，只要通过水道，即可迅速北上西进，经漕渠到达昆明池货运码头。一度扼制汉帝国政治中心的物资保障供应问题，随着漕渠和昆明池建成彻底改观。昆明池与漕渠联通之前，重型物资运输船无法进入长安，运输也非常耗时耗力；漕渠未与昆明池联通前，漕渠水源只有水文状况受季节影响极大的渭河

① 漕渠和昆明池的联通，对打击匈奴和维护封建统治发挥了巨大的作用。

一个，漕运航道水量极不稳定，直接影响着漕运速度和运输能力。昆明池开通后，很快成为漕渠第二水源，昆明池不仅成为漕渠直抵长安城的货运码头，还成为漕渠水源的重要调节地。每至汛期，昆明池成为接纳漕渠过剩水量的蓄水池；到了枯水期，昆明池及其积蓄的沣水、潏水、滈水河水又可以随时补充漕运所需水源，确保漕运一年四季畅通无阻。①昆明池与漕渠相互依托的以长安水运系统形成后，长安与全国各地的航运时间迅速缩短，航运能力也随之迅速提高。有资料显示，联通昆明池的漕渠开通前，通过水路运抵长安的粮食每年只有几十万石；漕渠与昆明池联通后，全国各地经漕渠进入长安的粮食迅速提升至六百多万石。漕渠与昆明池互为依托，全国各地的粮食和物资源源不断进入长安城，也让汉武帝有了足够的底气和实力动辄发兵数十万、上百万，北伐匈奴、南平吴越，实现他开疆拓土的宏图伟业。

❶ 作者通过昆明池、漕渠联通前后运粮数据的对比，突出昆明池、漕渠联通效益巨大。

然而，这还不是昆明池与汉帝国及其都城长安城不舍情缘的全部。

❷《轮台罪己诏》表现出汉武帝刘彻对北伐匈奴、南平吴越、开疆拓土、穷兵黩武的反思，标志着治国的路线即将发生转变。

②晚年的汉武帝，尽管拥有之前任何帝王都没有的辽阔疆域，但连年的征战挞伐也让他意识到了帝国的潜在危机。汉武帝不仅通过《轮台罪己诏》反思自己穷兵黩武的过失，还重提轻徭薄赋、与民休息的治国策略。到了昭宣二帝时代，无为而治的黄老思想再

度成为汉帝国主流文化，昆明池上白帆林立的楼船战舰销声匿迹，在规划建设阶段已经考虑到除供皇室游乐，保障漕渠航运畅通外，昆明池所肩负的为长安城长治久安提供充足的城市供水、调节并滋养长安城生态繁荣功能更加凸显。

元狩三年（公元前 120 年），汉武帝开凿昆明池时关中遭遇大旱。《汉书·五行志》记载："元狩三年夏，大旱。是岁，发天下故吏伐荆上林，穿昆明池。"由此我们可以看出，开凿昆明池以保证长安城用水安全，也应该是汉武帝不惜耗费巨额财力人力两次开凿、扩建昆明池的题中之义之一。

我国古代，威胁北方的最大自然灾害是旱灾。上海交大教授陈业新研究证明，两汉时期全国共发生旱灾 112 次，平均每四年就有一次。对于身处西北内陆的西汉都城长安和关中地区来说，旱魃来袭也就更频繁。[①] 汉武帝时，长安城城市规模和人口超过西方最大城市罗马城三倍，居民生活起居、朝廷宫苑绿化、城市日常管理用水量与日俱增。作为一位胸怀天下的帝王，汉武帝在修建昆明池这项当时的世纪性水利工程时，必然考虑到了保障长安城的供水问题。2016 年和 2017 年，中国社会科学院考古研究所在昆明池遗址相继发现了一条进水渠和四条出水渠遗迹，其中就有昆明池与漕渠联通的昆明故渠。出水渠有调剂昆明池

❶ 作者运用对比的修辞手法，突出了长安城日常管理难度和用水量之大，侧面体现修建昆明池的重大意义。

水量的泄洪渠，也有引昆明池水供应长安城及其周边地区生活用水的供水道。长期参与汉长安城考古发掘的前中国社会科学院考古研究所所长刘庆柱，还在三桥附近发现了当年为保障并调节昆明池向长安城供水水量修建的揭水陂。① 修建这座人工水库揭水陂的意义在于，从昆明故渠流出的水一条东流注入漕渠，另一支专门用于长安城城市供水的昆明池水则在揭水陂经水库调蓄后再次分流，一部分注入滈水供应宫城，其余两支一支引入建章宫经太液池泄入渭河，另一支则进入未央宫、长乐宫，经沧池、酒池调蓄后汇入渭河。

① 汉长安城有9个市区，160多条街道，鼎盛时期人口达到30多万，城市结构复杂，居民用水量巨大。汉武帝命人修建了复杂而精妙的长安城供水系统，意义非凡。

如此复杂而科学的供水系统，不仅让长安城旱涝无忧，昆明池也因此成为保障汉唐都城千年繁华的蓄水池。

在追溯西汉时期水波连天的昆明池历史时，我还看到历代记述者对昆明池出产的鱼类津津乐道。② 不过在汉代，昆明池出产的鱼鳖一度只有皇亲贵族才有口福享用。《汉官旧仪》记载说："上林苑中昆明池、镐池、牟首诸池，取鱼鳖给祠祀，用鱼鳖千枚以上，余给太官。"一开始，昆明池的鱼鳖首先用于皇家祭祀和皇家御膳，如有剩余还可分赏给贵族。大抵是昆明池生态环境过于优越的缘故吧，昆明池的鱼鳖繁殖十分迅速，产量越来越大，以至于后来皇室在昆明池发展起了鱼类养殖业。养鱼业一兴起，鱼翔浅底、鲤鱼腾跃，"千鳞万

② 这应该是昆明池修建的意外收获。昆明池意外变成了长安城的一个鱼类养殖基地，其中的鱼一部分用于祭祀，其余可以在市场上出售。

尾无所之，一网牢笼莫知数"成为 320 顷昆明池又一胜景。有史书记述，昆明池发展起养鱼业后，鱼产量迅速攀升，陵庙祭祀和皇室贵族根本无法消耗，只好将剩余的鲜鱼拿到市场上出售。一度由于昆明池养殖的鱼上市，导致长安鱼市鱼价大跌。这件事被《西京杂记》和《三辅旧事》描写得绘声绘色。[①]昆明池作为长安城渔业养殖基地，一直持续到唐代。只是到了唐代，由于白居易一首《昆明春》上疏，昆明池渔业一度向百姓开放，百姓可以到昆明池养鱼，然后拿到长安集市买卖。昆明池美景和渔产业的收益太令人眼馋了，唐中宗时安乐公主要求父皇将昆明池赏赐给她，中宗皇帝以"以百姓捕鱼所资"的理由，拒绝了爱女要求。

大唐是一个气象万千的时代，为了皇室成员游乐享受并标榜大唐盛世繁荣，唐朝先后修建了曲江池、骊山等一系列离宫别馆。然而，要保持这时已经拥有百万人口的世界第一大都市的繁荣，昆明池依然是唐长安城命脉所系。长安城城市供水、保障漕运畅通离不开昆明池，甚至备受唐玄宗和杨贵妃钟爱的曲江池一部分池水，也来自昆明池。由于长安八水和昆明池的滋润，盛唐时期的长安城清流环绕，碧水漫流，皇宫坊里、大街小巷婉转环流的波光水影，一度让长安城酷似东方威尼斯。长安城内外河道纵横，渠道相连，

❶ 800 亩的昆明池，本来是作为军事基地而建，现在却意外地成为鱼类养殖基地，鱼类出产不少，以致影响到了长安城鱼的销售价格。

游船画舫，往来穿梭。人们出行或者在城内游览，乘船如现代人乘坐城市公交车一样，是最为便捷的交通工具。乘船郊游、游船览胜，是当时居住在长安城文人的生活常态。①大诗人王维的辋川别业在浐河上游蓝田县秦岭山中，但这位亦官亦禅的半隐诗人往来于隐居地辋川与长安之间，常常是坐着类似于现在私家车或公务用车的游船进出于长安和蓝田之间。由于昆明池和漕渠对环绕长安城的包括浐河、灞河在内发源于秦岭山中众多渭河支流的调节，即便是冬季枯水季，王维的游船照样可以在灞河上自由自在行驶。

❶ 作者列举田园诗人王维的交通工具，来说明昆明池和漕渠的贯通对长安城和城外秦岭众多渭河支流的重要作用。

从唐太宗到唐文宗，唐朝曾先后对昆明池进行三次疏浚维修。其中前两次主要是为了整治并改善年久失修的昆明池水源和水系，保障昆明池对长安城用水供给，改善昆明池对长安城蓄水泄洪功能。第三次维修，则纯粹是唐文宗为了粉饰太平，试图恢复盛唐时代长安盛景。由于这次维修工程浩大，唐文宗甚至不惜以征收茶税方式筹措资金，并以宣传昆明池与长安城阴阳五行对应关系的方式统一人心。

❷ 经过安史之乱，大唐由盛而衰，接着出现了藩镇割据的混乱局面。随着政治中心从长安城向东部开封、南京等地的迁移，以及气候变化等原因，昆明池由于缺乏维护而逐渐干涸。

②唐朝三次维修，不仅扩大了昆明池水域面积，也让昆明池重现水波潋滟，游船画舫往来穿梭的胜景。然而对于历经千年沧桑的昆明池来说，这种昙花一现的繁华，也是这座中国古代第一大人工湖消逝之前的回光返照。到了宋代，这座曾经为汉唐帝国崛起立下

汗马之劳，为汉唐长安城持续繁荣留下绮丽迷人记忆
的长安绿肺，终于耗尽最后一滴滋润的水珠，从长安
版图上彻底消失。

昆明池干涸了，但昆明池所赋予汉唐盛世的绝代
风华却从未被一个民族的历史情感和记忆淡忘。

1949年春，全国解放在即，中国人民政治协商会
议正在紧锣密鼓筹备。3月28日，受毛泽东邀请来京
参加政协会议的国民革命委员会中央常委兼秘书长柳亚
子，以一首《七律·感事呈毛泽东》送交毛泽东，宣泄
抑郁不满情绪。一个月后，毛泽东以一首《七律·和柳
亚子先生》回赠柳亚子，希望他以国家和民族利益为重，
留在北京为新中国效力。其中"莫道昆明池水浅，观鱼
胜过富春江"句，就是以汉武帝开凿的昆明池作比，劝
解柳亚子先生放开眼界，不要消极遁世。

距昆明池消逝一千年后，我在汉唐昆明池旧址——
建设中的斗门水库和昆明池遗址公园施工现场看到，
斗门水库波光莹莹，库区两岸桃红柳绿，重建中的亭
榭廊桥倒映浩荡水波之上。① 曾经给汉唐长安城带来
一千多年繁华与富足、滋润并哺育了让世人仰望的汉
唐雄风的昆明池，即将以它曾经有过的惊艳迷人的风
姿神韵重现在世人面前。昆明池这种跨越千年的盛世
重现，是不是也暗含了昆明池兴衰与一个时代之间的
神秘宿命呢？

① 昆明池的除旧布新、浴火重生，是陕西省委省政府引汉济渭工程的结果，意味着一个新时代已经到来。

碧水鹊桥

被当地人称作石婆婆和石爷爷的牛郎织女出现在昆明池遗址那一刻，原本徘徊在昆明池舟楫穿梭、画舫游弋、鱼翔浅底的历史中的我，突然被一种恍惚迷幻的情绪领向一个遥远而熟悉的神话世界。

在这个如梦如幻的世界里，有一座只有中国人的"情人节"——七月七日七夕夜才会在一轮明月照耀下凌波出现的爱情之桥——鹊桥。然后，就有一对阔别已久的恋人分别从鹊桥两侧飘然而至。神话传说中万千喜鹊搭成的鹊桥横卧银河，牛郎织女踩着鹊桥，双眸含情，款款而至。牛郎织女相拥相抱那一刻，月光更加澄明，星汉更加闪烁明亮，天河之水也愈加清澈宁静。

这就是从古至今，每个中国人耳熟能详的牛郎织女故事。

在斗门镇石婆婆和石爷爷庙，面对昆明池旧址出土的牛郎织女石雕像，听当地百姓讲牛郎织女故事并再三声明昆明池是牛郎织女故事发源地，总觉得有些迷离恍惚。[①] 然而，一旦打开汉昆明池历史身世，再比照昆明池考古发现实物，你又不得不承认汉武帝建造的这座汉长安城巨型水库，的确与鹊桥相会的牛郎织女故事之间有一种说不清、理还乱的纠葛。因为牛

① 剪不断，理还乱，是离愁。在斗门镇听当地老百姓讲的牛郎织女的故事，看石婆婆石爷爷雕像，真是千言万语不知从何说起，反映了作者此刻复杂的心理。

郎织女故事作为一个完整爱情故事最早被文人记录在案,是在南北朝时期南朝人萧统选编的《古诗十九首》,而在《古诗十九首》里的《迢迢牵牛星》登上大雅之堂 500 多年前,汉武帝已经在昆明池为牛郎织女竖起了两尊高达 2 米左右的石雕像。

牛郎和织女原本是银河两边两颗最亮的星宿。牛郎星也叫牵牛星,在银河西岸,织女星在银河东岸。牛郎织女最早出现在古代文献,是在《诗经·小雅·大东》和湖北云梦泽出土的秦代占卜简书《日书甲种》中。但《诗经》和《日书甲种》中的牛郎和织女,还只是两颗星星,与人无涉,也与爱情无关。① 汉武帝在昆明池建造牛郎织女石雕像,也仅仅是为了将先秦以来代代相承的象天思想具体化、形象化,所以后人记述这件事时说,汉武帝"立牵牛、织女于池之东西,以象天河"。也就是说,当年汉武帝仿照又称天河、天汉的天上银河模样开凿了昆明池,而在昆明池东西两岸建造牛郎织女石雕像,无非是告知世人:长安城西南这座水波浩渺的西汉水军训练基地,就是人间天河,并以此彰显大汉帝国国威。

昆明池边两尊石雕像的出现,让牛郎和织女从浩渺星空降落到人间,成为有性别之分的人,也为其后由两颗浩瀚太空中隔银河相望的星星演化出一曲缠绵悱恻爱情故事做好了铺垫。接下来,由于《淮南子》"鹊

① 汉武帝站在统治者的角度,结合牛郎织女的神话故事宣扬"象天思想",赋予了昆明池以神秘感。所以至今人们总认为牛郎织女故事是从西汉开始的。

桥填河（天河、银河）而渡织女”的记述，又名鹊桥相会的牛郎织女神话爱情故事开始孕育萌生，并最终在东汉和南北朝由民间补充完善，渐渐成型。

牛郎织女的爱情故事，在与昆明池一山之隔的汉水流域流传也颇为广泛。2014 年考察汉江，我发现甘肃西和，湖北郧西、襄阳，河南南阳都说他们那里是"乞巧之乡"、牛郎织女故事诞生地。从汉水之名来源于"天汉"之说来看，汉江流域诸多地方与牛郎织女神话传说发生瓜葛顺理成章。不过，^①在考古专家已经得出结论，发现于昆明池遗址的牛郎织女石雕像的确是汉武帝元狩三年（公元前 120 年）实物，而其他地方只有地方史料记载没有实物依据的情况下，昆明池和牛郎织女石雕也就成为后来人们演绎创作牛郎织女神话故事的最初依据——有了被汉武帝比作人间天河的昆明池，有了昆明池岸上两尊石雕勾勒的牛郎织女形象，人们才能够借助想象的翅膀，将发生在人间的爱情悲喜剧附丽于隔着滔滔天汉遥遥相望的两颗星星身上。

大唐盛世是一个充满开放心态和浪漫情怀的时代，牛郎织女故事经民间百姓和历代文人共同创作已经完全成熟，以七月七日夜万千喜鹊聚集银河之上，展开翅膀搭建鹊桥供隔银河相思相望整整一年的牛郎织女短暂相会的"乞巧节"风俗，也广泛流行全国各地。每年七夕，唐太宗都要在清宫与妃子夜宴。这一天夜里，

❶ 在昆明池考古发现的两尊石刻雕像，虽然不精致，但是朴素自然，具有浓浓的生活意境。

封闭在后宫的宫女也可以自由自在地乞巧，向织女星祈求智巧。公元798年，唐德宗还在昆明池修建织女庙，将汉武帝时期的织女石雕像供奉在庙内。

此后，由昆明西汉石雕像催生的牛郎织女故事，成为最能打动对纯真爱情充满憧憬的青年男女的中国式爱情故事，"七夕节"也成为长期受封建礼教桎梏[1]的青年男女可以披着月光幽会、互诉爱情的中国式"情人节"。

在有了昆明池后迅速成为流传千古的我国四大神话爱情故事之一——牛郎织女传说中，每年"七夕"夜，牛郎织女可通过横跨滔滔银河的鹊桥相聚一次。然而在天文学上，牛郎（牵牛）星和织女星之间相距16光年，即便是乘坐当今世界上最先进的火箭，两颗隔银河相望的星星要聚会一次少说也得30多万年。

不过时隔两千多年，一旦碧波荡漾的斗门水库建成、千秋昆明池重现汉唐风姿，碧水连天、杨柳依依、廊桥相连的昆明池遗址公园，倒不愧为现实中的青年男女相拥相抱，滋养爱情的好去处。

---

[1] 桎梏，指脚镣和手铐，或者像脚镣手铐般约束自由的事物。

延伸思考

1. 汉武帝为什么要开掘昆明池?

_____

_____

2. 文中提到,汉武帝想通过《轮台罪己诏》表达什么?

_____

_____

祁山堡落日

名师导读

孔明六出祁山的故事，家喻户晓。祁山堡因此而出名。祁山堡位于甘肃省陇南市礼县的祁山镇，建于西汉，距离天水市七十多公里，是平川地上凸起的孤峰，高几十丈，其下悬崖峭壁，如刀砍斧劈，为亚热带季风气候与温带季风气候的交汇地区，是当地三国之旅的著名景点。在此地观赏日落，实在是一种不错的享受。

---

① 去礼县，沿途要经过两个与诸葛亮及蜀国后期命运息息相关的地方：一个是三国时被称作卤城的盐关镇，另一个就是罗贯中笔下诸葛亮六出祁山的祁山堡。

天水周边西秦岭地区县份，不少地方早年都去过。2004 年 7 月的秦岭之行，为了节约时间，我是直接从徽县、两当出甘肃的。但一个人对一个地方的了解与

① 作者开门见山点明去礼县的两个必经之地，一个是盐关镇，另一个是祁山堡，为下文叙述的展开埋下伏笔。

感受，有想法的行走和盲目漫游体会完全不同，所以从秦岭归来到写作这本书的这一年多时间，我又抽时间，断断续续跑了陇南几个县。

经过祁山堡，遇上一个落日黄昏。

一轮淤血一样的落日，正惨烈地从连绵起伏的群山之间一点一点往下沉落。西汉水两岸的田野、山峦、树林和飘浮的暮霭，都被涂抹上了一层炫目的惨红。①从天水关一路陪伴我的西汉水，现在变成了一条凝固的血河，迟缓、犹豫、无声地朝20世纪90年代发现了秦先祖陵园的大堡子山一线的山岭之间流去。

汽车一转弯，血红的落日紧紧贴到了西汉水边平地孤零零隆起的一座高丘上面。那高丘，就是让诸葛亮生命最后八年里魂牵梦绕，欲罢不能的祁山堡。

②停车伫立路边，远远望去祁山堡隐约可见的几座庙宇和零落的树林，也都染上了那种很容易让人想起残杀和死亡的血色。西汉水两岸群山绵延，这座现在看起来既不高峻，又不雄伟的土丘，就扼居在虽然并不开阔，却一直沿西汉水东西绵延到天水关的川道上。

从现代战争的角度来看，祁山堡实在算不上什么攻守兼备的战略要塞。但在诸葛亮那个时代，西汉水边上这座四面绝壁的高地，却是南去汉中、东进尚为曹魏疆域的天水一带的重要关口。曹魏在北秦岭西部设置的防御重镇，就在祁山。魏明帝曹睿将祁山这块

❶ 落日血红的颜色渲染了周围的一切事物，作者运用烘托的修辞手法，描写了残阳如血的奇特景象。

❷ 祁山堡并不高，附近也没有什么特别的景色。几座庙宇显得很突兀，令作者产生悲凉、心悸之感。

弹丸小地与合肥、襄阳三城，并列为东、西、南三面防守前沿。诸葛亮在《后出师表》中分析曹魏军事形势时说："曹操智计，殊绝于人，其用兵也，仿佛孙、吴；然困于南阳，险于乌巢，危于祁连，逼于黎阳，几败北山，殆死潼关，然后伪定一时尔。"可见在诸葛亮看来，蜀魏在西秦岭一带交战，谁占据了祁山，谁就拥有了战争的主动权。

冷兵器时代的战争，一定程度上决定战争成败的因素不仅仅是攻占，而是在敌人的强大攻势下，看你能坚守多久。诸葛亮当年之所以反复争夺这座小土丘的目的，大概就在于此吧？

> 今南方已定，兵丁已足，当奖三军，北
> 定中原，庶竭驽钝，攘除奸凶，兴复汉室，
> 还于旧郡。

公元 227 年，就在向后主上书《后出师表》的这一年春天，诸葛亮率六万大军，从秦岭南坡的汉中直奔西汉水上游的祁山堡，安营扎寨，开始了他生命最后时刻前后延续八年的北伐之路。

① 诸葛亮非常清楚，要从汉中直接翻越秦岭，北上关中，挺进中原，秦岭几乎是不可战胜的。于是，他驻军汉中之后要做的第一件事，就是派赵云、邓芝

❶ 关中处于四关之内，土地肥沃，水源充足，经济富庶，历来是兵家必争之地，因此成为诸葛亮的首选进军目标。

虚张声势攻打箕谷，扬言要从褒谷沿褒斜道北上眉县，而自己却率兵从汉中经勉县进入徽县，再从成县境内的黄渚关绕道西和县，到达祁山，试图以天水为根据地，东进关中。

天水到汉中之间虽然路途遥远，但这一带的秦岭山势相对平缓，再加上刘备去世后，魏国以为蜀汉元气大伤，放松了对以天水为中心地处的陇右地区防备，所以从天水进攻关中，要比经子午道和褒斜道翻秦岭安全的多。

陈寿的《三国志》和罗贯中的《三国演义》在描述诸葛亮第一次出祁山的情况时都说，诸葛亮率领的蜀军一到祁山，天水、南安、安定三郡魏军便不战而降。

祁山堡堡门下的麦场上堆满了麦垛。

现在的祁山堡，就在过去被称作卤城的盐关镇。这座西汉时就因盛产井盐而闻名天下的镇子濒临西汉水，土地肥沃，到现在都是礼县境内少有的富庶之地。建兴九年（231年）诸葛亮第二次北伐时，祁山堡下面的卤城一带小麦成熟，遍地金黄。诸葛亮带领蜀军抢收小麦，解决了蜀军军需供应。

据《水经注》介绍，诸葛亮时期的祁山有万余户居民，山上筑有坚固城池。但时隔千余年之后，我从天水关一带过来时注意到，包括卤城盐关旁依着公路的人家算起来，围绕祁山堡居住的居民，最多也只有一二百户。而且对于山顶面积不过 3000 多平方米的祁山堡来说，要在依山筑起的城池里生活万余户居民，根本是不可能的。因此，^①著名西北史地专家徐日辉先生认为，诸葛亮时期所称的祁山，是西汉水北岸西起近年发现的秦先祖陵园大堡子山，东至盐关，包括祁山堡在内绵延 25 公里河谷地带的通称。

和一位扬场的老人谈起诸葛亮，老人指着被一片葱绿包围着的祁山堡说："过去堡子下面的地里，到处都是诸葛亮打仗时留下的箭头。"其实，在围绕祁山堡、天水关、木门道一带的秦岭山区，到现在随处都可以见到当年诸葛亮与曹魏交战时留下的箭镞、残剑和头盔。^②几年前去木门道，看近年来才修建的武侯祠，大殿里就陈列着不少农民犁地时发现的箭镞和残剑。那些大字不识的农民祖祖辈辈对照着《三国演义》，就从那些锈迹斑斑的兵器中，把木门道诸葛亮射杀张郃的故事的每一个细节，一带又一代地传诵下来。

还有智收姜维、天水关、大战铁笼山、空城计、斩马谡等故事，原本就发生在罗贯中笔下诸葛亮六出祁山的天水一带西秦岭地区，后来经各种版本的秦腔戏曲推广演绎，都成了我们理解并认识诸葛亮最精彩的细节。

"我们这里家里有病人，捏一撮武侯祠的香灰喝了，保证药到病除。"老人看我一眼，"走到武侯祠门口，

❶ 徐日辉先生的分析很客观，今人认为的祁山堡方寸之地与诸葛亮认为的祁山大相径庭，解答了人们关于史实的疑问。

❷ 武侯祠内陈列的箭镞和残剑，数量庞大，足见诸葛亮六出祁山战斗的激烈。

175

就上去烧炷香吧，诸葛亮是神仙！"

到了这里，自然是要拜谒这位在中国民间类人类神的圣贤。

① 诸葛亮的才智忠义，原本就是中国传统人格评价的理想和尺度，更何况他六出祁山那种明知不可为而为之的壮烈情怀，即便是那些贵生、乐生的道教神仙，也无法逾越。

血红残阳映照下，高大堡门上镌刻着一副血红底色的对联：

隆中一对鼎足三分天下事了如指掌，前后二表祁山六出老臣心惊泣鬼神。

这样的文字，大概应该算是对诸葛亮人格、人品最恰当的评价了。

此前几次到祁山堡，都是寥落[1]无人。现在又是薄暮时分，山上只有一位兼看果园兼做管理员的中年男子。听说我们是从天水专程来拜谒武侯的，连5元一张的门票也免收了。

② 如一只红色气球悬挂在崇山峻岭之间的夕阳，把粉红色的光晕涂抹在西汉水北岸这座孤立高隆的土

❶ 诸葛亮为什么受到老百姓的崇拜？足智多谋是一个方面，更多的是诸葛亮有着谦虚的品格和一心报效国家的壮烈情怀。

❷ 作者运用比喻的修辞手法，刻画了残阳夕照的幻境，抚今追昔，心思恍惚，宛如梦中。

[1]寥落，指稀疏、冷落、稀少的意思。

丘上，曲曲折折的山径两旁，玉米和树林上都飘浮着梦幻般的红晕，让人突然觉得已经过去的历史和正在经历的现实都是那么虚幻缥缈，一点都不真实。

"诸葛亮当年在这里扎下九个营寨，形成一字长蛇阵，守卫在西汉水北岸。"祁山堡文管所管理员指着雾霭中若隐若现的两座土丘说，"那里还有当年营寨的遗迹。"

透过河谷上面的烟霞望去，祁山堡东西一马平川，视野开阔，这座孤立在西汉水北岸的高岗，倒确实是安营扎寨，防守兼备绝佳处所。

① 不知道当年的诸葛亮站在这烟霞弥漫的黄昏之际，是一种什么样的感觉？不过在短暂的驻留中，我感觉眼前的祁山堡与一年前刚刚去过的定军山、五丈原比起来，实在是显得过于清冷荒寂了。

据当地志书记载，南北朝时期祁山堡就建有纪念诸葛亮的武侯祠。现在祁山堡所剩不多的几座庙宇，显然是经过了翻修的。供有诸葛孔明的大殿，同时还供奉着药王。后院的大佛殿，则是佛祖的所在。

② 远山的夕阳愈沉愈低。

曾经血红如火的太阳已经变得如一张流干了血迹的垂死的脸，苍白无力，轻飘飘贴在西汉水源头一片苍山上。淡淡的暮色正从远处的河谷向山顶漫来，③大殿里光线幽暗，但在昏暗中，我依然能感受到诸葛亮

❶ 平地上的小土丘，和定军山、五丈原比起来实在是微不足道。作者运用对比的修辞手法，突出了祁山堡的孤寂、冷清。

❷ 作者运用暗喻的修辞手法，刻画了西北高原残阳如血的景致，由景及人，寄托了对诸葛亮壮志未酬身先死的感伤之情。

❸ 诸葛亮雄才大略，否则刘备也不会三顾茅庐。作者参观武侯祠，和诸葛亮进行了穿越千年的心灵对话，惭愧自己灵魂的渺小。

那双曾经洞悉了整个三国时代人事沧桑的眼睛，正冷冷逼视我落满尘埃的灵魂。昏暗中，我隐约听到一个声音在我耳边响起：

> 夫难平者，事也。昔先帝败军于楚，当此时，曹操拊手，谓天下已定。然后先帝东连吴、越，西取巴、蜀，举兵北征，夏侯授首：此操之失计，而汉事将成也。然后吴更违盟，关羽毁败，秭归蹉跌，曹丕称帝：凡事如是，难可逆见。臣鞠躬尽瘁，死而后已；至于成败利钝，非臣之明所能逆睹也。

这是诸葛亮首次北伐，也就是 228 年攻取祁山前向后主上的《后出师表》结尾的几句话。

对于智慧过人的诸葛亮来说，其实在主动请缨实施五次北伐前，自己对这场旷日持久的战争的最后结局，似乎早有预感。诸葛亮之所以逆势而进，其实还是为了实现或者说提升自己的人格理想。

然而，诸葛亮没有想到失败的大幕会开启得那么快。

就在诸葛亮第一次北伐，在祁山一带站稳脚跟之后，街亭一战，使诸葛亮的希望一夜之间化为泡影。于是，诸葛亮不得不从此开始长达 7 年之久的北伐之路。首次出兵祁山失利后，诸葛亮唯一的收获，就是在退兵时带着祁山附近当时被称作西县的千余户居民回到了汉中。

①在228年以后的七年时间，祁山一直是诸葛亮的揪心之地，而与祁山相距三四百里、可以从那里经陇山道直取长安的街亭，则是他的伤心之地。

罗贯中在《三国演义》中说诸葛亮曾经六出祁山，陈寿则说诸葛亮其实只是两次到达过祁山。228年后的建兴九年，诸葛亮虽然有木牛流马保障供应，还抢收了卤城一带的麦子，却并没有占据祁山，只是兵退汉中时在木门道替司马懿除掉了张郃。后来，我向一位历史学家讨教罗贯中和陈寿笔下的祁山地域概念时才知道，②其实罗贯中所指的祁山，包括了陕西眉县以西到祁山堡之间的整个西秦岭地区，而陈寿笔下的祁山，才是现在的祁山堡。

苍茫暮色漫上西汉水北岸这座孤立的高岗，祁山堡上仅有的几座庙宇瞬即被满山烟树淹没。

我们下山之际，西汉水北岸劳作一天的农民荷担持犁，三三两两从田野深处，朝着1700多年前曾经是血与火战场的祁山堡下面的家园走来。

村庄升起的袅袅炊烟向四周弥漫开来，西汉水两岸的山水树木都被一层淡淡的烟雾笼罩着，显得虚幻、神秘，而且温馨。我知道，就在炊烟升起的祁山堡下面，有他们自得其乐的清苦生活。

❶ 祁山久攻不下，死伤无数，真是揪心；街亭用人失误，失去关隘，蜀国命运从此变得希望渺茫，一蹶不振，终为魏国所灭。

❷ 罗贯中是文学家，所以他笔下的祁山蜿蜒连绵，纵横开阔；陈寿是历史学家，其笔下的祁山就是小小的祁山堡，史料真实。

"从这条路向左，过了西汉水，就是长道。过了长道，再往前，从西和县城南下，就是氏族人建立仇池国的仇池山。"

分手时，祁山堡管理员指着祁山堡西侧不远处的一条公路告诉我说。

延伸思考

1. 文章第4段写道"一轮淤血一样的落日，正惨烈地从连绵起伏的群山之间一点一点往下沉落"，这样写有什么妙处？

_____

_____

2. 读完这篇文章，请谈一谈你心中的诸葛亮。

_____

_____

我的大学

名师导读 ▶

　　每个人都有一个大学梦，有人实现它很容易，也有人在追梦路上步履维艰。文章作者上大学的经历可谓一波三折，因为身体原因，他曾两度落选，后来有幸入学，终于遇到了改变他一生的几个人。作者在文中回忆了入学前的艰辛和入学后的难忘经历，语言朴素自然，字里行间透出对师长、友人的怀念。

　　当年，和我一起毕业的大学同学，在经历了毕业后的学历升级之后，几乎所有的人又拿到了一本本科甚至研究生毕业证书，然而我的《干部履历表》的学历一栏，至今仍然填着"最高学历：大专。毕业学校：天水师范高等专科学校中文系"。

　　1982年9月，在历经两度高考被初选，却由于体检原因名落孙山的绝望之后，我终于以高出初选线45

分的成绩，被天水师专中文系录取。

入学报到那天晚上，我在水房洗衣服，才认识不到三小时的室友喊我的名字，说学校宣传部曹部长找我。我当时就忐忑不安起来——从1980年开始参加高考，连续三年进入初选线，却因无力医治的右眼残疾，接二连三被拒绝于大学之外。① 这次被天水师专录取，还是托人走门子才进来的。曹部长找我，不会再有什么节外生枝的事情吧？

几年高考的重挫，给我心灵留下的伤痕太多了！

1980年录取落选之后，我曾经给当时的甘肃省高考招生办公室和全国高考招生办公室写信，哭诉高考体检的不合理和不公正。第二年体检时，当初刚刚平反的"右派分子"、天水有名的眼科专家、天水县医院眼科主任蔡绍陀先生非常同情我的遭遇，冒着被处分的风险，让我的兄长代替我参加了体检。

然而，我体检作弊的事情，第二天就被当时天水县教育局招生办查了出来，并且当即通知我复读补习的天水县一中，取消我当年录取资格，三年内不得参加高考。蔡大夫也因此挨了批评，还在医院大会上做了检讨。

② 得到这一消息的那天下午，天突然下起了滂沱大雨。平时拥挤着三十多个同学的学生宿舍，只有我在绝望中苦苦等待最后的希望。隔壁宿舍也有几位当

① 作者通过心理描写刻画了自己受到重挫之后的那种细腻、敏感、多疑的心理，非常形象。

② 那时参加高考的复读生，内心都有一个"跳龙门"的梦，为了这个梦他们付出了很多，他们之间的感情也是非常真挚的。

年高考失败后住在学校，备战下一年考试的同学。面对我的遭遇，大家聚集到我身边，默默地坐一会儿，又悄无声息地离去。

头顶雷声隆隆，窗外密集的雨声呼天喊地。昏暗、凌乱、空洞的宿舍阴森如墓地。我怔怔地坐在那里，感觉人生之路已经走到了尽头。大雨稍稍停息之后，我漫无目的地走出校园，踩着遍地泥泞，不知不觉竟来到了渭河岸边。

① 当年的渭河，一到雨季，满河床都是滚滚洪流。大雨刚过，呼啸激荡的巨浪，携带着从上游冲下来的泥沙和巨石奔腾而来。向东望去，苍黄的河水和低垂在河面上的阴云连接在一起，昏暗而混沌，大地仿佛走到了暮色苍茫的黄昏。阴沉迷茫的渭河两岸，散发着一种让人骨头发冷的清凉。

一排排巨浪涌到岸边，飞溅的浪花如冰冷的碎石，生冷地打到我的脸上，也打在我形如死灰的心上。河水冰凉的感觉，玉米地上飘浮的阴暗、苍凉的绿雾，低矮的天空静穆低垂的阴云，雨后清凉萧杀的微风，让我突然萌发了飞身跳入滚滚巨浪，结束苦难而艰辛的短暂人生的念头。

那是我此生第一次想到"死亡"这个词。

我当时在想，也许我这一生只配到这个迷人而烦乱的世界匆匆走一遭，然后带着我刚刚萌生的人生理想，以及对亲人的愧疚，悄悄离去才对吧？

现在，我已记不清那天我在巨浪滔天的渭河岸上到底站了多久。最终，还是不想亏负亲人的努力，以及我生来就对命运不屈不服的性格，让我从本来伸手可及的死亡之路上收回了脚步。

我老家在当时天水县街子乡北山一个小山村。那里原本有平缓肥沃的沃土良田，但在人民公社走向末途的最后几年，吃饱肚子已经成了满村几百口人最大的问题。母亲去世后，为了供我上学，兄长和弟弟相继辍了学，一家人省吃俭用，就差揭砖卖瓦了。^①我被天水师专录取那年春天，家里断粮三天，一家老小上顿下顿喝清得能照见人影的面糊糊维持着生命。为了不至于让一家人饿死，在大队卫生所工作的兄长偷偷挪用药房公款，去邻近的伯阳买粮食，返回途中，饿昏在路边。

这一切，父亲和哥哥虽然从来都没有说起，但从我每月一次回家返校时，父亲走东家串西家，为凑够每月 5 元钱生活费遭白眼、受冷气的眼神里，我能感受到一家人精神和物质上所负担的重量。

^②我被取消录取资格的消息，是当天晚上从学校传到四五十里以外的老家的。第二天一早，担心我受不了打击的兄长满身泥泞地赶到学校，在安慰我之后，又到县医院，找到蔡大夫，请求蔡大夫帮忙给我治疗

❶ 饥饿，是那个特殊时代的代名词。作者用生动的笔触刻画了农村百姓的凄凉生活。

❷ 深陷绝望的关键时刻能帮助作者的，只有自己最亲的兄长。这种真挚的手足之情令人动容。

眼疾，准备第二年再考。

现在的眼科技术，角膜移植并不算什么难度太大的手术，但在当时，我国的角膜移植手术才刚刚起步，只有在几个大医院才能完成。蔡大夫告诉哥哥，他有个同学，是国内著名眼科专家，在河南省第一人民医院眼科工作，他可以帮助联系去那里给我做角膜移植手术。

① 做手术的事情，蔡大夫联系好了，可做手术的钱没有着落。一家人在犹豫和唉声叹气中过完了 1982 年的春节。开学后，高考的日子一天一天临近。父亲和兄长牙齿一咬，从信用社贷了 500 元款，决定让我到郑州做手术。

去郑州那天，是哥哥送我上火车的。

从小在山里长大的孩子第一次坐火车去一座大都市，按说应该满怀惊喜和激动才是。然而车门哐当一声关上的那一刻，我突然感到自己仿佛一粒飘飞的尘埃，被一阵飓风卷入苍茫浩渺的太空，强劲的气流旋转我孱弱[1]的身体，在虚无的空中飞升、飘游。我既看不清来路，也看不见前途。一切的去路归结，只有听凭命运的安排了。

那位专家也刚刚从"牛棚"里解放出来，一星期

❶ 尽管遇到贵人蔡大夫的鼎力相助，但缺钱的问题，始终是无法逾越、无法绕过的一道坎。

---

[1] 孱弱：指瘦小单薄、虚弱的意思。

以前刚从美国学习角膜移植技术归来。我带着蔡大夫的信，和从天水乡下辗转近千公里带来的一箱鸡蛋去了他家。听了我的介绍，他很同情。第二天，在给我做完例行检查后，决定三天后进行手术。在找我进行手术前的谈话时，他告诉我，角膜移植排异反应概率非常高，所以做完手术三个月内不能看书。

本来出现的一线希望，又一次化为了泡影！

① 我去郑州的时候，是农历二月，距当年高考仅有不足四个月时间。做完手术的三个月再不看书复习，就等于放弃了高考。在医院附近一家小旅馆辗转反侧一夜之后，我最终决定，还是先回家参加考试，高考结束后再考虑手术。

这种选择，等于是看不见希望的沉沉黑夜里的又一次冒险。因为连续两年高考成绩超出初选线，又连续两年落选，我已经是天水县所有关心高考的人们关注的人物。县教育局不仅发了三年之内限制我参加高考的红头文件，招生办在体检阶段也牢牢盯上了我。

② 从郑州回来的那天，天水大地在早春二月落了一场我有记忆以来最大的雪。厚厚的积雪堆满了山下的河流、山上的树林，也沉沉地压在老家的屋顶上，苍白而洁净。

我不吃不喝，似睡非睡，躺了三天。

第四天，太阳出来了，雪融化了。我从炕上爬起来，

❶ 作者放弃治疗一心高考的举动，充满了悲壮之感。

❷ 环境描写，寒冷而洁净的环境更能体现出作者心中的决绝。

带上书和干粮，又来到我补习的天水县一中，开始备战又一次前途未卜的高考。

我原来的名字已经在县招办挂了号。这一年，我改用"王若冰"的名字参加了高考，并以语文102分，总分345分的成绩高出初选线45分，第三次进入录取前的体检、政审阶段。

①那一年，我对自己的前途没有抱任何希望。考试结束后，我收拾起陪伴我三度寒暑的课本和铺盖，无悲无喜地回到家里，一边跟在父亲和兄长身后在已经包产到户的自家责任田上劳动，一边开始悄悄地写起小说。这之前，父亲承包了村上一片果园。后来我才知道，那一年父亲和哥哥已经做好了最坏的打算，他们准备，如果再走不了，就用那片果园的收入，给我在乡下说媳妇。

然而，心不死，气咽不下的父亲和兄长，还在做最后的努力。

收到初选通知单几天后，哥哥带我去了一趟当时的天水县委。哥哥告诉我，几天前父亲找过邻村在县农工部任书记的谢学艺。前一年找到县医院的蔡绍陀大夫，就是他帮的忙。对我的不公遭遇，谢书记一直愤愤不平。

在乡镇工作了大半辈子的谢书记，完全一副老农模样。②他先是替我发泄了一通怨气，然后告诉我，

❶ 作者高考之后一边种地、一边写小说的积极人生态度是值得赞扬的，只有经历过最沉重的打击，才能体会到生命的意义和价值。

❷ 得道多助，作者痛苦的求学之路，得到了蔡大夫、谢书记、师专董组长的深切同情。

他 20 世纪 60 年代在新阳乡当书记时的文书陈继刚在天水师专工作。父亲找过后，谢书记通过在当时的地区行署工作的陈继刚，找到了时任天水师专校长办公室政工组长的董杰。董组长对我的遭遇也很同情，并说根据我的总分和专业成绩，只要把天水师专填报成师范院校志愿栏第一志愿，他们可以想办法让学校录取。

① 谢书记是那种脾气耿直，认理不认人，而且喜欢给老百姓帮忙办事的人。20 世纪 50 年代的科级干部，经他培养提拔的不少人，已经是县团级干部了，而那时他还是个小小的科级。

20 世纪 80 年代初期的高考志愿，分重点院校、普通院校和师范院校三个栏目。1982 年，我成绩虽然没有上重点线，但报好一些的普通院校，分数绰绰有余。第一志愿，我报了当时梦寐以求的北京广播学院，然后在师范院校志愿栏，只填报了天水高等师范专科学校。

假期结束了，许多同学陆续接到了录取通知。秋季开学后，不见黄河不掉泪的哥哥劝我还是去学校，一边补习，一边等最后结果。就这样，在经历两起两落的失败后，我又一次来到天水县一中。

在别人看来，我此生的命运大抵只适合做一辈子农民。在乡下，不少人在父亲面前嘲讽说："祖坟没有那脉气，还是让娃娃回家务农，别耽搁了农活和孙子！"

① 谢书记毫无疑问是作者人生陷入低谷时最重要的贵人，由于他的鼎力相助，作者艰难的求学之路终于出现了胜利的曙光。

走在校园里，不少同学和我擦肩而过后又回过头来，朝着我的背影指指点点。我知道，他们是在谈论我的经历，替我惋惜和叹息，也许还有对我在没有任何希望的情况下既呆又傻的执着感到不可理解吧？那段时间，我的情感和精神背负着巨大压力。新的补习班还没有决定是否接收我，除了去灶房打饭，我整天在宿舍看书睡觉，苦苦等待命运最后的裁决。

①校门口黑板报上，收到录取通知书学生的名单一天比一天变长。同班一位成绩比我低了 5 分的同学收到了北京广播学院的录取通知，我两手空空；成绩比我低二三十分的被录取到了西安、兰州，我还在等待。进入九月中旬，中专录取通知开始下发的时候，我还在绝望中等待。

20 世纪 80 年代初期的天水，时令一交八月下旬，绵绵秋雨会不紧不慢，迷迷茫茫连续下几十天。②在整天都被雨雾笼罩的校园里，我手捧书本，心里却在盘算着凶多吉少的命运。特别是晚上，躺在阴冷潮湿的宿舍，在同学们此起彼伏、疲惫而香甜的鼾声里，我彻夜难眠。半夜，墙角嚯嚯鸣叫的秋虫凄清苍凉的叫声，更加剧了我内心的惆怅。我根本无法预知，天亮后会不会等到一封属于我的来信，突然为我打开一扇幸运的天窗，但我很清楚，人生的路子走到了这个境地，也只有耐心等老天安排了！

❶ 作者运用对比的修辞手法，将自己的录取情况与同学的录取情况进行对比，突出表现了作者的绝望之情。

❷ 被录取的希望之光越来越黯淡，但作者依然没有放弃最后的一丝倔强。

就在漫长地等待几近绝望的时候，突然有一天，门房邵师傅连呼带喊地跑到宿舍，将一个信封交给我。

那位平时一脸严肃的门房师傅，脸上荡漾着难得的笑容。把信封塞到我手里的那一刻，他只说了一句："天水师专。你的！"

那是一个牛皮纸做的普通信封，"天水师范高等专科学校"几个字很红，红得像一团火。目光落到发信人地址那几个字的一瞬间，① 我本已经彻底僵死的心，骤然腾起一股绝处逢生的惊喜。但双手捧着录取通知书，我喊不出来，也笑不出来。三年来，为了等待这样一封信，我已经流了太多的泪，伤了太多的心——在经历了那么多的挫折和折磨之后，我只能在心底里对自己说：老天终于张开了他善良宽厚的眼睛！

就这样，我来到了当时只有两栋宿舍楼、两排平房教室和一栋教室兼实验楼的天水师专。

为我上大学劳尽了心血的兄长送我到学校后，安慰我说："学校离家近，花钱也少，毕业了还可以分到天水。你就好好念书吧！"

我点点头，什么也没有说。

我能说什么呢？十几天以前，我还在心里默默向老天祈祷。我祈祷的方向就是还有一线希望的天水师专。现在，我像一个被一次又一次抛弃的弃儿，在气息奄奄之际，是这所学校收留了我，给了我新生和成

❶ 上天从来不曾放弃每一个自强不息之人。作者用非常细腻的笔触刻画了自己收到梦寐以求的录取通知书时的激动心情。

长的机会。即便校舍再破旧、再简陋，她毕竟是我绝望之际的希望，无路可走之际的生路啊！所以在踏入这所当时规模不及一所中学的大学之际，如果一定要我说一句感受、感言之类的话，那我最想说的一句就是："感谢天水师专收留了我，感谢你在我无路可走之际给了我一条生路！"

那天晚上，曹昌光部长告诉我，在录取不录取我的问题上，录取小组成员中间也有争议。最后，是总分和语文单科成绩让他们不忍心将我放弃，并在做通省招办工作之后，才下发了这封迟到的录取通知书。

当时的天水师专，聚集了一批刚刚从"牛棚"解放出来的"右派"和天水、陇南一带的老学者。其中中文系的王义、丁恩佩、张鸿勋、雒江生、王亦农、李继祖、张平辙、温至孝，都是在各个领域很有建树的专家。曹昌光部长虽然在搞政工工作，不仅在研究美学，而且精通剪纸、绘画，杂文和新闻也写得相当漂亮。①后来我才知道，帮助我做通学校工作的陈继刚的岳父董杰，也是一位新中国成立前参加革命的老干部。可惜的是到两年大学生涯结束，和陈组长见面彼此都打招呼，我却从来没有能够以任何方式表达对他的感激和感谢之意。

第一次见面后，曹部长就把我看作自己的入室弟子，让我参与宣传部墙报编辑，并把他的办公室兼卧

❶ 贵人相助是作者能实现大学梦的重要条件。在你处于困境、陷入人生厄运之际，有人为你奔走是你的幸运。但一个人最大的贵人其实是自己。如果没有作者屡战屡败、屡败屡战的坚持，贵人也无法施以援手。

室钥匙给我，让我在他出差或回家时读书写作，晚上还可以住在那里。

当时的天水师专还是两年制学校。我在那里上了两年学，班主任换了两位老师。

① 我们的第一位班主任，是现任天水师范学院副院长张北方。1982 年入学时，他大学毕业实习刚刚回来。那时候的张老师风度翩翩，办事干练，喜欢踢足球，处理复杂事物举重若轻。记得有一次，因为学校食堂伙食质量问题，中文系和美术系同学贴出大字报，绝食罢灶。其他班为此天天开会，整顿清理，让参与者做检查，写检讨。事情发生后，张老师却把我们几个班干部叫到他房里，先是开玩笑嘲笑我们的愚蠢行为，然后语气严肃地说：② "你们知道大字报是什么时候的产物吗？那是'文革'遗风！你们堂堂中文系学生，把文采用到写大字报上，你们不觉得是浪费吗？有本事你们写些诗歌、散文，在报刊上发表让我看看！写几句文理不通的大字报算什么能耐！"随后，他又以惯常的"学生自治"管理方案，将处理此事的任务交给了当时的班长张晨和团支书刘莉。

末了，张老师对满腹才华、口若悬河的张晨说："是骡子是马，我就看你张晨有没有能力把这事情给我处理好。"

张晨来自当时的武都，入学前已经在地市级刊物

① 怀念恩师，是作者感恩的重要表现。张北方院长举重若轻的干练作风深深影响到了作者。寥寥数语，就把张院长的个性特征刻画得淋漓尽致。

② 作者通过语言描写把张北方老师办事干练、举重若轻的处理过程非常清晰地表达了出来。

上发表过诗歌和小说了。由于我在中学时也发表过几篇新闻作品和几句儿歌体的小诗，张晨和我、廖五洲已经成了形影不离的死党。学习之余，我们一块在河边散步，一块在当时任团委书记的刘新生和团干事康民几位老师指导下创办《嘤鸣》文学社，刻印的《嘤鸣》文学报。直至毕业二十多年后的今天，我们仍然是情同手足的好朋友。

张晨不仅是个演讲天才，而且说话幽默，善于和人交往。记得刚入学民主选举班干部时，由于我高考期间几起几落的传奇经历，许多同学入学前早有耳闻，所以得票比张晨多。^①但张北方老师在短短几天交往中发现了张晨的领袖风范，就劝当时见了生人就脸红的我当学习委员，而把至今都是我们同学最敬佩的人物——张晨，推举为班长。

接受任务后，张晨凭他那三寸不烂之舌，又是嘻嘻哈哈开班会，又是找同学推心置腹谈话，当天下午就把因罢灶而在七里墩市场买饭吃的同学劝回了大灶。

张北方给我们带班的同时，也带外国文学课。刚从乡下出来的我，在刚刚度过那个精神生活极度贫乏的年代进入大学之前，真正读过的外国文学作品，只有《钢铁是怎样炼成的》。张老师给我们列出的书单有一大摞，上课之余，^②我从图书馆借来一堆外国名著，

❶ 这里的描写把作者和张晨不同的性格特征清晰地表现了出来，侧面表现张北方老师知人善任。

❷ 教师是太阳底下最光辉的职业，他们可能会影响学生的一生。作者的成功得益于天水师专老师们的精心哺育。

193

晚上在被窝里，寒假回家在热炕头，一本一本地读，一点一点咀嚼。我现在所有的外国文学基础，还是在当时的张北方老师和后来的王亦农老师指导下完成的。

大概是第一学年第二学期开始不久，有一天张北方老师带着一位个头精瘦高挑、目光炯烁、一脸络腮胡子的年轻老师，召集班会。会上，张老师突然宣布，天水师专要扩建，他被抽调到基建处工作，今后我们班的班主任将由这位老师接任。

"刘芳森老师是省内有名的作家和诗人，你们学中文的有这样一位老师当班主任，是你们的幸运！"张老师说。

站在讲台另一侧的刘芳森老师，有些腼腆地笑了笑。张老师接着向他介绍了班干部和我们班的一些基本情况之后，就由他的"继承人"上台演讲了。

刘老师那天说了些什么，我现在已经记不清了。但我清楚地记得，在张老师说出"刘芳森"的名字时，我、张晨和廖五洲不约而同地相互回头对视了一眼。

入学之前，我们已经知道天水师专有一位叫刘芳森的老师，在甘肃师范大学上学时，已经是很有名的诗人和小说家了。我们仨中学时就读过他在《飞天》上发表的诗歌和小说。① 所以一入学，我们放开六只眼，

① 作者运用夸张的修辞手法，"放开六只眼"充分表现出"我们"对刘芳森老师的仰慕和期待。

四处巡睃^[1]，寻找我们歆慕已久的作家老师刘芳森。整整一个学期，我们搜索遍了整个校园，反复审视了碰到的所有面孔有点像"作家"的老师，还是没有找到渴望见到的刘芳森。后来张北方老师告诉我们，刘芳森还在下面代课实习，下学期回来，他可以申请教务处让给我们代写作课。

张老师在班会上介绍我们认识刘芳森老师的前几天，有一次晚饭后，我正在宿舍看书，廖五洲慌慌张张在对面宿舍喊我。过去一看，他和张晨扒在三楼窗口上，正神情专注地朝下张望。

"快来看！那是不是刘芳森？"廖五洲把我拉到窗口。

我们当年的宿舍是一座四层筒子楼，廖五洲和张晨宿舍下面，是当时这所大学的唯一一个操场，操场东面一排破旧平房，是教工宿舍。见到刘芳森前，我们已经打听到他就住在那排宿舍从南往北数第二栋最西头。^①从窗口望下去，三男两女边说边笑，顺着当年学校唯一一条通往校门的水泥大道往前走。其中一位男子个头很高，蓄一脸络腮胡子。

"那位留胡子的肯定是刘芳森！"张晨肯定地说，"他们就是从第二排最西面那间房子出来的。作家的风

❶ 作者抓住人物的个性特征，寥寥数笔就把刘芳森老师的形象勾勒了出来，推动了故事情节的发展。

---

[1] 巡睃：环视，扫视。

度应该是这样！"

我们上学的那个年代，是文学狂热的年代。作家、诗人在我们心目中，是笼罩在无尽荣誉和光环下的神秘人物。没有想到，我们仨第一次见到的第一位作家，竟只看到了一个朦胧背影！

和刘老师相熟之后，我们谈起第一次看到他背影的情景，刘芳森还是有些腼腆地一笑，然后告诉我们，那天他是送来看他的《风雪茫茫》的作者牛正寰，和当时在全省已经很有影响的天水作家匡文立、陆新、虞大伟。

刘芳森是当年甘肃师范大学《我们》文学社的创始人之一。他和现任兰州市市长张津梁，以及王钧钊等人掀起的甘肃师范大学校园诗歌创作风潮，曾经直接促成了《飞天》开办对新时期以来当代诗歌创作形成巨大影响的"大学生诗苑"。他的小说还被当时发行量达数百万册的《作品与争鸣》转载。刘芳森告诉我们，在兰州期间，他们还与北岛、顾城、杨炼有过交往。

① 刘芳森的写作课，完全是一种开放式教学。他很少照本宣科地让我们死读教材，而是在课堂上大讲当时还被视为异端的西方现代主义，和正在高压下前途未卜的朦胧诗。他甚至为我们每个人征订了《舒婷顾城诗选》，并推荐将当时由中国社会科学院文学研究所编辑、只供内部研究使用的《西方现代派作品选》，

❶ 诗人的灵感来自对生活的顿悟和对人性的思考。拘束的、刻板的教学方式会抑制思维的发散。刘芳森老师的开放式教学，在当时宛如一股清流，对作者产生了深远的印象。

作为辅助教材。

也就是在那时，我第一次知道了"现代派"这个文学流派，也第一次真正系统地开始了解舒婷、顾城和北岛的作品。

① 大抵是志趣相投的缘故吧，上课之余，刘芳森经常约我、张晨和廖五洲去他家坐坐。在那间非常窄小，却塞满了四五架书的书房兼客厅，刘老师和我们谈文学，谈理想，谈他诗人的孤独和深刻。记得一次晚饭后，刘老师在楼下喊张晨，让我们到他家里去。

刘老师爱人刚刚生下孩子，我们进去后，抱着孩子去了书房后面昏暗如地下室的卧室。刘芳森拿出一本刚刚出版的《诗选刊》，满怀激情地给我们朗诵起一组诗。刘老师当时朗诵时充满激情的表情，好多年后我还历历在目。沉醉在刘老师声情并茂的朗诵里，我感觉那组诗已经不是我们传统意义上的分行或大体押韵的诗歌了，甚至也不是他曾经向我们极力推荐的北岛、舒婷、顾城那个意义上的诗歌文本。那纯粹是一种由诗歌、散文和一种粗粝的文化精神复合而成的新生文本。

朗诵结束后，刘老师告诉我们，这组诗题目叫《诺日朗》，写的是诗人在九寨沟诺日朗瀑布面前的感受。作者是杨炼。

"这组诗是对朦胧诗的文体和文本的颠覆！中国文

❶ 诗人的孤独，诗人的深刻，普通人大抵是很难理解的。大学师生之间，亲密无间，坦诚交流，那时的大学生活是淳朴、令人怀念的。

学史上还从来没有出现过如此大气磅礴，容量巨大的诗歌文本。"刘芳森激动地说，"尽管《诺日朗》的文体形式明显受到过非洲诗人桑格尔影响，但杨炼因为这组诗将成为当代文学史上不可代替的诗人。"

❶ 没有民族历史文化精神的作品宛如流星，不能长久，倏忽不见。作者运用对比的修辞手法，突出了诗人杨炼的创新历经三十多年而备受尊敬的客观事实。

① 三十多年岁月，已经淘汰了无数当年曾经名动一时的诗人，但杨炼却以他的《诺日朗》，成为当年兴起的朦胧诗中最具有民族历史文化精神的诗人，受人尊敬。

三个刚刚在文学之路上趔趄学步的学生和他的老师敞开胸怀，把盏长谈，不知不觉已经到了深夜。

那天晚上，我们喝了很多。出门时，群星高照，校园里夹道而植的丁香花，把浓郁的香气洒到夜空中，缥缈而迷人。

那一夜，我彻夜未眠。

❷ 作者运用拟人的修辞手法，将诗歌的美好、自己的追求、受到的诱惑、偷偷地投稿等淋漓尽致地展示了出来。

② 此前，我一直在写小说。对于诗歌，只是悄悄暗恋，不敢贸然接近。和张晨、廖五洲，以及比我们高一级的《嘤鸣》文学社同学交往后，受了当时吸引了全中国几乎所有在校大学生目光和激情的《飞天·大学生诗苑》诱惑，我虽然也在偷偷地写诗，偷偷向主持"大学生诗苑"的张书绅老师投稿，却迟迟没有下定和缪斯约定终身的决心。而这一夜，刘芳森老师谈

论诗歌时的激情，尤其是《诺日朗》[1]里那种奇崛魔幻的诗情世界，深深吸引了我。我这个从来都觉得自己是一个不具备诗人潜质的人，在那一次长谈之后，第二天向张晨、廖五洲宣布：我要真正地写诗了！接着，便开始几近疯狂地写诗，然后一封又一封地给张书绅老师投稿。

每份稿子投出一两个星期以后，总能收到张书绅老师用铅笔写了退稿意见的退稿信。^① 那段时间，我们班有一半人在向《飞天》投稿。退稿，退稿，仍然是退稿之后，一些人已经从写诗的群体里退出了，我和张晨、廖五洲还在坚持。我们三个中，张晨的诗歌，是刘芳森老师最看好的。他也是我们中一天到晚最忙碌的一个。除了上他感兴趣的课，张晨不是睡觉，就是跑到美术系、体育系和一帮五大三粗，行头怪异，高喉咙大嗓门的师兄师弟打篮球、排球，还要主持学校文艺节目、被当时任团委书记的刘新生老师抽去帮助搞团的工作。有了闲暇，他还时不时帮助同学传递情书，为单相思病患者东奔西跑当红娘，即便写几句诗，也只是在酒醉后或者遭遇我和廖五洲谴责时，操着一口有些沧桑感的男中音给我们朗诵朗诵，投稿却很节制——现在任徽县副县长的廖五洲和同班同学、当年

❶ 作者运用对比的修辞手法，凸显了作者、张晨、廖五洲三个人对写诗的坚持。

---

[1] 奇崛：指奇特、特别、奇异。

我们的才女庞彩芹的姻缘，就是张晨给撮合的。不过，张晨每次寄出的稿件，张老师在退稿时，总是肯定比毛病说得多，而且每次的退稿信都比我和廖五洲要多几行。就这样，到第二学年，张晨已经和廖五洲在当时的《金城》《兰州青年报》等报刊发表了上大学以来的第一批诗歌。而我创作的最佳成绩，也就是在《甘肃农民报》副刊发表了一首民歌体叙事诗——那首诗，还经过了当时在汪川中学当教师的汪浩德老师大量修改。直到两年大学即将毕业的1984年5月，大概是我的刻苦和诚心感动了张书绅老师的缘故吧，我的一首不足十行的小诗《花栏》，终于在"大学生诗苑"发表了。

记得收到还散发着墨香的《飞天》那天，张晨和廖五洲为我的成功很高兴了一阵子。当天中午，张晨做东，请我和廖五洲到七里墩一个小餐厅要了几盘小菜、几瓶啤酒，为我成为天水师专第一个敲开《飞天·大学生诗苑》大门的校园诗人，给被老师和同学戏称为"三人帮"的我们三个庆功。

① 张晨好酒，但酒量非常一般。几杯啤酒下肚，他那张圆硕而肌肉绷得很紧的脸，变得赤红。借着酒兴，张晨又给我和廖五洲讲起了莎士比亚、罗曼·罗兰、托尔斯泰、陀思妥耶夫斯基和泰戈尔。

"生存，还是死亡？这是一个问题！"讲到激动处，张晨又朗诵起了《哈姆雷特》里的台词。临了，张晨

❶ 作者抓住张晨脸部特征进行了刻画，体现了那个时代大学生博学、豪放、热血的精神风貌。

神情严肃地说："一个伟大的诗人，必须拥有一颗高贵的灵魂。我希望我们三个在十年、二十年、三十年后，还能记住这一点！"

①当时的张晨，每月有父母亲寄来的50元生活费，算是同学中间最富有的一个。不过此人乐善好施，而且大手大脚，每月生活费一到，就请吃请喝——在请我和廖五洲，以及班上另外几个和他关系好的同学的同时，他的请客范围甚至扩大到了美术系和体育系。到了月底，生活费没有了，饭票没有了，干脆将一日三餐改成一日两餐。张晨那种落拓不羁、信马由缰的生活方式既让我羡慕，也让我担忧。当时我曾经预言，张晨属于那种早熟、才华横溢、思想深刻的人，他一生的最后结局只有两个：要么大富大贵，要么债台高筑。而这些年的事实证明我的预言错了。毕业这么多年，张晨经历了许多波折，虽然没有大富大贵，倒也过得自在滋润。②这些年，身为甘肃电视台编导的他整天出入于滚滚红尘，却依旧保持着一颗干净的心灵，而且依然在每天的浮华过后平静地阅读、写作。时隔二十五年，在许多同学认为他已经远离文学、背离诗歌的时候，几天前张晨突然告诉我，他要出一本诗集了。

大抵是得益于张北方、刘芳森两位班主任的缘故吧，毕业前，我们班就有七八位同学在省内外报刊发表作品，成为当年天水师专中文系学生文学创作的一

❶ 张晨的内心是豪放的、洒脱不羁的，又乐善好施，宁可饿着自己，也要顾及同学情谊。作者运用对比的修辞手法，刻画了张晨爽朗、大方的性格特点。

❷ 作者写张晨在滚滚红尘中保有一颗干净的心，意在夸赞张晨不忘初心、对理想的坚守。

道奇观。

两年的大学生涯说结束就结束了。

① 毕业考试前后，大家都在为自己的去向担忧。公布省上下达的分配方案那天，平日里嘻嘻哈哈的同学表情都十分严肃，唯有张晨依然显得轻松而自在。

那些日子，他每天穿一双拖鞋，一件老汉衫，摇摇晃晃在校园各个角落走动，好像刻意要把留下他两年青春激情的母校每一个景物都铭记在心里。转着转着，他会在夜深人静之际突然扯开嗓门，在空荡荡的楼道和操场上吼几句北岛《回答》里的句子："高尚是高尚者的墓志铭，卑鄙是卑鄙者的通行证……"当时，张晨父母已经从陇南调到省城兰州。根据省上的政策和下达的指标，他完全可以申请分配去兰州。但在刘芳森老师征求意见时，张晨却坚持要回武都。他在向我和五洲解释时说："武都有我的青春，有我记忆中不可磨灭的岁月。再说，那么多同学在挤破头争取去兰州的机会，我不想再掺乎[1]了！"

② 我是从当时的天水县考来的，按政策，去向已经很清楚。但填报志愿那几天，刘芳森老师一直都在关心我分配的事。当时，兰州空军、省电大和省机械厅都有名额。刘老师先是让我报了省电大，后来知道

❶ 在人生的重要路口，张晨的表现和其他同学形成了鲜明的对比，可见张晨是最为洒脱的一个人。

❷ 刘芳森老师在作者毕业分配的关键时刻提供了至关重要的帮助，作者对这位老师的感激之情流淌在字里行间。

---

[1]掺乎，口语，是参与、干预的意思。

学校要建新校，需要车皮，学校已经将现有的名额戴帽给了从铁路上考来的学生，就又让我报了兰空。志愿刚填好，他又把我叫到他家说："兰空要体检。你想不想去定西？如果想去，就报定西吧。定西电视台台长王建勇是我同学，我可以让他帮忙把你留在电视台。这样对你今后创作有好处。"

作为在几近绝望中被天水师专录取了的我，当时唯一的想法就是只要有一份工作，哪里都一样。当然，如果有一份和文学有关的工作，哪怕是到天涯海角，我都心甘情愿。

分配志愿报上去的第二天，刘老师再一次把我叫过去，说："我今天去了趟市上，地区群艺馆创作室的牛正寰陪我找了文教处领导，他们同意接收你到文工团当编剧。"

当年师范院校毕业生，除了在毕业时能分配到非教育单位以外，到了地方上，一般很难从教育口跳槽出来。我说出自己的担忧，刘老师说："这一点你放心。我有几位同学，一个在人事局工作、一个在地委工作，到时他们会帮忙的。"

就这样，我再一次将第一志愿改到了天水。

① 和张晨、五洲相比，我自认天资平庸。但经历了几度高考周折，我非常珍惜天水师专给我的学习机会。所以在校期间，我把别人睡午觉、睡懒觉的时间，

① 机会总是垂青于有准备的人，正是作者在大学期间的不懈努力，才有了后来工作时的顺风顺水。

都用到了阅读和写作上，到毕业的时候，我的档案里便有了一次校级三好生和优秀学生干部的记录。到天水地区文教处政工科报到那天，当时任政工科副科长的张旦香一看派遣证，就让我两天后来文教处上班，而且只让我带上洗漱用具。

① 作者通过语言描写，刻画出刘芳森老师激动的心情。

① 当天晚上，我将此事告诉刘老师后，刘芳森显得非常兴奋。他递给我一支烟，连声说："好事！好事！看来他们是看了你的档案，才把你留下的。这份工作肯定比文工团好！你明天回趟家，赶紧去报到！"

报到后我才知道，当时的地区文教处，正在编《甘肃教育名人录》和《教育志》，需要一个搞文字的，查阅了我的档案后，就直接把我留了下来。

在天水地区文教处待了不到一年，一天，在大街上碰到张北方老师。一见面，张老师就问我："想不想去天水报社？"

一听去报社，我当时就有点喜出望外。张老师告诉我，他的同学李世荣主持刚刚创刊的《天水报》，让他推荐一两个文笔不错的学生，他推荐了我。

1985 年 6 月，毕业不到一年的我连试用期都没到，就调入了当时让许多同学眼红的天水报社。

大学毕业了，但在我步入社会的关键时刻，还是我大学时期的两位老师，让我稳当而顺利地完成了我一生中至关紧要的开局和起步。多少年来，每每回想起我的大学经历，我总觉得是冥冥中有一种神秘的力量，有意让我在饱经磨难之后才与天水师专相遇的。^①这种相遇，让我懂得了感恩和珍惜，更让我有机会从母校那么多治学严谨、品性高洁的老师身上，受益终身——这一切，才是我在我的大学里获得的弥足珍贵的收获和教养！

❶ 总结全文，点明文章主旨，表现作者对天水师专老师的感激与怀念。

延伸思考

1. 作者为什么两度通过高考初选，却都没有如愿进入大学？

_____

_____

2. 文章结尾表现了作者怎样的思想感情？

_____

_____

★参考答案★

第一辑　大美关中

【天水古树】

1. 示例一：作者运用比喻的修辞手法，把古树比喻为"云"和"苍翠的山峰"，形象生动地写出了古树的众多及外形，表达了对古树的赞美之情。

示例二：作者运用拟人的修辞手法，"古树捧绿撒翠，从西关涌向东关……"，形象生动地写出古树的苍翠、众多的气势，表达了对古树的赞美之情。

解析：本题考查赏析句子。首先，分析划线句子用了哪些修辞手法。"煌煌然如一堆一堆苍翠的山峰"运用了比喻的修辞手法；"捧绿撒翠、从西关涌向东关"运用了拟人的修辞手法。其次，所用修辞起到什么样的表达效果，要结合文本内容，具体分析。从"十分壮观"一词反映出作者对古树的赞美。

2. 承上启下，承接上文对古城古树的叙写，引出下文对"八股槐""九股松"的描写，使文章的内容更显深沉。

解析：本题考查段落在文章中的作用，可从内容和结构两个方面考虑。内容上看，本段写的是"长在城里的古树算是有福的"。从结构上看，承接上文对古城古树的叙写，引出下文对"八股槐""九股松"的描写。本题侧重于回答结构上的作用。解答此类试题要关注句段在文中的位置，因为位置不同，作用也会有所不同。

3.D

解析：A项，阐释了"前人栽树，后人乘凉"的真意错，原文是说另一层意思。

B项，"依然充满着勃勃生机"错，第③段第三句"庙内存活至今的二十来棵古柏"可得出结论。

C项，"作者认为人类一直凭借杜撰的文字认识历史是客观的"错，文中作者认为人类一直凭借杜撰的文字认识历史是客观的，但令人叹为观止的是……，语句的逻辑重点应在"但"后面。

4. 突出"九股松"顶天立地的气象与诗情画意的景观，与下文"九股松"被砍到的凄惨情形形成鲜明的对比，表达作者的愤懑之情。

解析：本题考查对语段的分析。答这样的题，一般要思考这段内容本身在写什么，与前后文形成什么关系，或者是否为了形象地引出写作重点对象；或为下文做铺垫，烘托写作对象等。第⑧段，从"却没有一棵拥有'九股松'那种顶天立地的气象""使这棵古树占据的一方天空，成了这座古朴小镇最富诗情画意的迷人景观。"可概括出本段主要写"九股松"顶天立地的气象与诗情画意的景观。第⑨段，"终于把那棵我后来才获知可称为'第四纪冰川时期活化石'的白皮松砍倒在地"与前文对"九股松"的赞美形成鲜明的对比；"以至于时隔40多年，每次回家看到子美村后孤零零独自苍老的'八股槐'，这种无奈的隐痛就愈加剧烈。"可见虽然已经过去40余年，作者依然对这件事耿耿于怀。

5. 天水古树不仅仅是古树这么简单，它其实是一笔无法估量价值的财富，它们见证着这座城市的历史，是这个城市的灵魂。我们要保护古树、爱护古树。

解析：略。（意对即可）

【中华诗祖】

1. 有两种说法：一说周幽王后期朝政腐败，尹吉甫辞官还乡无疾而终；还有一种说法是尹吉甫是被周幽王杀害的。

2. 这四句诗里含有两个典型画面：一是春天里微风轻吹柳枝飘拂的画面；一是寒冬时节雪花纷飞的画面。主人公的感情就蕴含在这两个画面中，而没有明说出来。这样以景写情，情景交融，显得既富于形象性又含而不露，耐人寻味，给读者的欣赏活动创造了很大的空间。

【太白山下】

1. ①忧国忧民，渴望恢复夏商周三政一体，使人民安居乐业；②谦逊好学，虚心向作为晚辈的程颢、程颐兄弟请教，并在这一时期完成了其著名的《易说》；③沉稳谨慎，刚刚进入北宋权力中心时，与王安石激进的改革派保持距离。

2. 张载的这四句话体现了中国优秀知识分子自强不息的精神和爱国爱民的情怀，体现了他们继承和弘扬中华民族优秀文化传统的志向和自信心，体现了他们为实现理想敢于担当的历史使命感，体现了他们的社会责任心和崇高的精神境界。

【道士塔前】

1. 开门见山，引出下文描写对象，吸引读者阅读兴趣；体现敦煌莫高窟在作者心中的重要地位，为后文抒情做足准备。

2. 略。

【秦岭的山】

1. ①连绵数百公里，西起昆仑，东至大别山；②高耸入云，一座座山峰是秦岭高高隆起的脊梁；③地势险要，"天下之大阻"，历来为兵家必争之地。

2. 认为秦岭的山是有魂魄和精神的庞大群体，表现了对秦岭的赞美和敬畏。

第二辑　远古梦幻

【黄河的颜色】

1. ①在黄河大桥上看黄河，终生难忘。②在兰州看黄河，心生感动。③在壶口看黄河，深感震撼。

解析：本题考查学生对文本内容的理解。第一次看到黄河：第⑤段"火车已经行驶到郑州黄河铁桥中间"，还有第⑧段的"就是这转瞬即逝的匆忙一瞥，金光闪射的黄河水和车窗外黄河流经华北平原时的浩荡气势，便让我终生难忘"。这两点可以概括为作者第一次见到黄河，就难忘终生。

第二次见到黄河：第⑨段中有"我在兰州看到的黄河却青碧如洗"

"面对青翠如玉的黄河水，我竟一时间感动无语——黄河居然有如此温婉可亲的一面"，可以概括为"我"在兰州看到黄河，内心感动。

第三次见到黄河：第⑩段中有"而最让我震撼的却是在壶口看到的泥沙俱下、跌宕奔突的黄河的力量与气势"，可以概括为"我"在壶口看到黄河，内心无比震撼。

2．"轰隆隆呼啸而过的窗外，夕阳映照下，一片金黄的洪流自北向南涌来，闪耀着金灿灿的光华，在天地之间奔流"一句，写出了黄河在夕阳映照下，闪耀着美丽的金色，突显了黄河的浩荡气势，表达了作者的惊叹。

解析：本题是一道开放题，考查学生对句子的分析鉴赏能力。学生从文中找出描写黄河颜色的相关句子并进行分析即可。比如第⑨段中"20世纪90年代，我在兰州看到的黄河却青碧如洗"，是作者第二次见到黄河，黄河水非常清澈。这是为什么呢？我们联系下文的"面对青翠如玉的黄河水，我竟一时间感动无语——黄河居然有如此温婉可亲的一面"，可以看出"我"见到如此与众不同的黄河而感到惊讶，突出作者对黄河温婉亲切的形象的感动。

3．①充满力量：因"巨石阻拦而顿时变得膂力震天"。②坚强执着："愈是险要狭窄，就愈奋勇向前"。③团结奋进："手挽手，肩并肩，全速奔腾"。

解析：本题考查学生对文本内容的概括能力。文中第⑫段的"因两岸层层叠叠的巨石阻拦而顿时变得膂力震天的滚滚黄河"可以看出黄河是充满力量的；紧接着"如身披黄金铠甲、冲锋陷阵的威武之师，愈是险要狭窄，就愈奋勇向前"可以看出黄河是坚强而执着的；从"手挽手，肩并肩，全速奔腾"可以看出黄河是团结奋进的。

【唯有杜康】

1.杜康；他把粮食放进掏空的树干里储存，过了一段时间，树洞里的粮食已经变成了清洌甘醇的液体，从此"酒"便诞生了。

2.有了酒，寒冷可以被体内燃烧的火一样的液体驱散；有了酒，孤独的人、痛苦的人、哀愁的人、壮怀不已的人，都可以借助酒的温度和热度获得解脱；有了酒，人类才会从醉酒后那种飘飘欲仙的状态中，感受到人性与神性的沟通。

【采薇之歌】

1.武王灭商后，他们耻食周粟，采薇而食，饿死于首阳山，是历代中华仁人志士、诚信礼让、忠于祖国、抱节守志、清正廉明的典范。

2.答案略，言之有理即可。

【寻访仇池古国】

1.仇池国后期，父子相残，兄弟为仇，盲目对外扩张，再加上天下统一的大势，使杨氏政权走上了末路。

2.①地势险要，仇池山固若金汤，阻断了外来的风险。②早期社会形态先进，没有高低贵贱的等级制度，能够号召千万之众。

【大吕之音】

1.西周王室出行、祭祀、外交往来，需要演奏相应级别的音乐；庶民百姓婚丧嫁娶，大夫士人社交宴饮，也要演奏与其身份、场合相匹配的音乐；专门为后宫嫔妃宴饮时制订了房中乐，供王宫嫔妃在宴席上演唱。

2. 抒发了刘邦远大的政治抱负，也表达了他对国事忧虑的复杂心情。

【君子如玉】

1. 凡绝世美玉，似乎都是历经流水经年浸泡、冲刷、打磨，才拥有了超凡脱俗的水色和质地。

2. 玉代表着中国人温良敦厚的人格追求，对华夏大地及后世有着深远的意义和影响。

第三辑　时光印记

【太白山下（节选）】

1. 文章以"横渠四句"开头，这既是对张载一生的高度概括，也为后文叙述张载在各个方面所取得的成就作了铺垫。

2.（1）太白山下是张载的人生轨迹中最重要的节点。张载早年在太白山下苦读，并从这里出发步入仕途；受挫后归隐太白山下；最后死于回归太白山下的途中。

（2）张载一生许多重大的成就都是在太白山下取得的。在这里他进行了井田制的实践；著书立说，带徒讲经；构建出他自己独特的理论体系。

（3）太白山的山水对他的心灵世界产生了巨大的影响。这使得他对天地万物之间的关系，有了更澄澈的思考和领悟。

3.（1）肖像描写：作者描写张载脸色蜡黄、神情憔悴，双目紧闭，强忍病痛的神态，刻画出张载在生命最后时刻的落寞与失意。

（2）景物描写：描写了张载回家途中所遇到的漫天风雪，突显了旅途的艰辛，更是渲染出悲凉凄冷的氛围。

（3）细节描写：作者描写了张载强忍病痛，眼望华山的动作细节，通过这个细节突显出张载心底对故乡的依恋。

【马夫到帝王】

1.以疑问句开篇，吸引读者阅读兴趣；秦岭名字的由来也是贯穿全文的一条线索。

2.如果要我解释这中间的因果的话，我以为除了历史的机遇与可能，就是早期秦人因祸得福地选择了秦岭这个温暖的家园！

【忠与孝】

1.他才能出众，待人真诚，忠君敬业，胸怀磊落。

2.略。

【秋风吹渭水】

1.这两句诗描写深秋时节长安的景色，诗人触景生情，表达对朋友的思念。诗句的意思是：强劲的秋风从渭水那边吹来，长安落叶遍地，显出一派萧瑟的景象。

2.《送杜少府之任蜀州》表现的思想感情：①与友人的惜别之情；②积极乐观的人生态度。

【昆明池笔记】

1.为了清除昆明国，也为了保持东方世界领导者地位，修建昆明池，建立一支强大的水上作战部队是必需的。

2.反思自己穷兵黩武的过失,重提轻徭薄赋、与民休息的治国策略。

【祁山堡落日】

1.环境描写,把祁山堡的落日比作淤血,既表现了落日的特点,又暗指这里发生的战争的残酷;同时,渲染出萧瑟苍凉的气氛,为后文抒情做铺垫。

2.略。

【我的大学】

1.那个年代高考体检很严格,作者患有眼疾,未能通过体检。

2.回想大学时期的难忘经历,表达对天水师专时期的那两位老师的感激之情。

― 中高考热点作家 ―

中考热点作家

序　号	作　者	作　品
1	蒋建伟	水墨色的麦浪
2	刘成章	安塞腰鼓
3	彭　程	招　手
4	秦　岭	从时光里归来
5	沈俊峰	让时光朴素
6	杜卫东	明天不封阳台
7	王若冰	山水课
8	杨文丰	自然课堂——科学视角与绿色之美
9	张行健	阳光切入麦穗
10	张庆和	峭壁上，那棵酸枣树

高考热点作家

序　号	作　者	作　品
1	王剑冰	绝版的周庄
2	高亚平	躲在季节里的村庄
3	乔忠延	春色第一枝
4	王必胜	写好你心中的风景
5	薛林荣	西魏的微笑
6	杨海蒂	北面山河
7	杨献平	人生如梦，有爱同行
8	朱　鸿	辋川尚静